Como Criar Gatilhos Mentais Poderosos

GEO REPORT
2023

Prefácio

Navegando no Futuro com a Geo Report

Caro Leitor,

É com grande prazer que lhe damos as boas-vindas ao mundo da tecnologia, análise de dados geoespaciais e educação contínua por meio deste livro. Aqui, você entrará em contato com os conceitos mais avançados e as informações mais atualizadas em um cenário em constante evolução, guiado pela Geo Report, uma empresa apaixonada por educação e inovação.

A Geo Report é muito mais do que apenas uma empresa; é um projeto que tem como missão iluminar o caminho daqueles que desejam explorar a fronteira do conhecimento. Fundada como uma EdTech e GISTech, a Geo Report oferece serviços que vão desde a geração de relatórios de inteligência até a produção de recursos educacionais que capacitam indivíduos e organizações a enfrentar os desafios do mundo moderno.

Relatórios de Inteligência e Análise de Dados Geoespaciais: Imagine tomar decisões estratégicas com base em informações precisas e atualizadas. A Geo Report utiliza tecnologia de ponta para ajudar empresas e organizações a transformar dados geoespaciais em insights valiosos, proporcionando vantagens competitivas significativas.

Educação Contínua: O aprendizado é uma jornada sem fim, e a Geo Report está empenhada em ser o seu guia nessa jornada. Nossos livros e materiais educacionais promovem tanto os conceitos básicos quanto os conhecimentos avançados sobre tecnologia, apoiando estudantes, profissionais e entusiastas que buscam se aprimorar e prosperar em um mundo movido pela inovação.

Atualização Tecnológica: No universo em constante mudança da tecnologia, ficar desatualizado pode ser uma desvantagem crítica. A Geo Report mantém um olhar atento sobre as tendências tecnológicas emergentes e compartilha essas informações com você, garantindo que você esteja sempre um passo à frente.

Este livro é apenas uma das muitas ferramentas que a Geo Report oferece para capacitar você a navegar no vasto oceano da tecnologia. Ao folhear estas páginas, você se prepara para embarcar em uma jornada que o levará a descobrir o poder da análise de dados geoespaciais, a entender os conceitos essenciais da tecnologia e a se manter atualizado sobre as mais recentes inovações.

À medida que mergulha no conteúdo deste livro, lembre-se de que a Geo Report está ao seu lado, pronta para guiá-lo e apoiá-lo em sua busca pelo conhecimento e pela excelência tecnológica. O futuro é sua tela em branco, e nós estamos aqui para ajudá-lo a pintar a imagem mais brilhante possível.

Bons estudos e uma jornada de aprendizado repleta de descobertas!

Atenciosamente,

Colaboradores Geo Report

Capítulo 1: Introdução aos Gatilhos Mentais

1. O que são gatilhos mentais?

O que são gatilhos mentais?

Os gatilhos mentais, também conhecidos como "trigger psicológico" ou "gatilho psicológico", são estímulos, palavras, imagens, situações ou estratégias que desencadeiam respostas específicas no cérebro humano. Eles são elementos que ativam processos mentais, muitas vezes de forma automática e inconsciente, influenciando o comportamento, as emoções e as decisões de uma pessoa. A natureza psicológica dos gatilhos mentais está profundamente enraizada na compreensão da psicologia humana e é explorada em diversas áreas, incluindo marketing, persuasão, vendas, psicologia social e design de experiência do usuário.

Natureza Psicológica dos Gatilhos Mentais:

Os gatilhos mentais operam com base em princípios psicológicos bem estabelecidos, como cognição, emoção e comportamento. Eles exploram tendências inerentes ao funcionamento da mente humana, como a busca por segurança, a necessidade de pertencimento, o desejo de novidade e a aversão à perda. Ao acionar essas tendências, os gatilhos mentais podem influenciar as decisões das pessoas, muitas vezes sem que elas estejam conscientes disso.

Definição e Compreensão no Contexto do Comportamento Humano:

Os gatilhos mentais são, portanto, ferramentas que exploram a psicologia humana para criar respostas desejadas. Eles podem ser usados para estimular a compra de um produto, promover a adesão a um serviço, influenciar opiniões políticas, incentivar ações sociais e muito mais. Para entender como os gatilhos mentais funcionam, é essencial compreender como os seres humanos processam informações, tomam decisões e respondem a estímulos emocionais.

Relevância em Diversas Áreas:

Os gatilhos mentais são relevantes em diversas áreas da vida, incluindo:

1. Marketing e Publicidade: As estratégias de marketing frequentemente se baseiam em gatilhos

mentais para criar anúncios atraentes e persuasivos.

2. Negociação e Vendas: Vendedores usam gatilhos mentais para influenciar compradores e fechar negócios.

3. Psicologia Social: Os gatilhos mentais são estudados em contextos sociais para entender como as pessoas se comportam em grupos.

4. Design de Experiência do Usuário (UX): No design de produtos e serviços, os gatilhos mentais podem melhorar a usabilidade e a retenção de usuários.

5. Autoaperfeiçoamento: Indivíduos podem usar gatilhos mentais para alcançar metas pessoais, como melhorar a motivação e a produtividade.

Os gatilhos mentais são elementos poderosos que aproveitam a psicologia humana para influenciar nossas ações, pensamentos e emoções. Eles desempenham um papel fundamental em muitos aspectos da vida cotidiana e são uma ferramenta importante em campos que envolvem a persuasão e a compreensão do comportamento humano.

2. A importância dos gatilhos mentais no marketing.

A Importância dos Gatilhos Mentais no Marketing:

Os gatilhos mentais desempenham um papel vital no campo do marketing, sendo uma ferramenta poderosa para influenciar e persuadir os consumidores. Aqui estão alguns pontos-chave que destacam sua importância:

1. Influência nas Decisões de Compra: Os consumidores são inundados com informações e escolhas todos os dias. Os gatilhos mentais ajudam a direcionar a atenção das pessoas para produtos, serviços ou mensagens específicas, destacando-os em meio ao ruído do mercado.

2. Conexão Emocional: Os gatilhos mentais têm a capacidade de criar uma conexão emocional com os consumidores. As decisões de compra muitas vezes são tomadas com base em emoções e, ao incorporar gatilhos emocionais, as empresas podem criar um vínculo mais forte entre a marca e o cliente.

3. Aceleração de Processos de Decisão: Os gatilhos mentais podem acelerar o processo de tomada de decisão dos consumidores. Isso é especialmente importante em compras impulsivas, onde a influência do momento pode ser decisiva.

4. Aumento da Conversão: A aplicação eficaz de gatilhos mentais em campanhas de marketing pode resultar em taxas de conversão mais altas, ou seja, mais pessoas que veem o produto ou serviço se tornam clientes.

5. Retenção e Fidelização: Além de atrair novos clientes, os gatilhos mentais também podem ser usados para manter e fidelizar os clientes existentes. Estratégias que enfatizam a reciprocidade e o valor contínuo podem fortalecer os laços com a marca.

Influência dos Gatilhos Mentais nas Decisões dos Consumidores:

Os gatilhos mentais influenciam as decisões dos consumidores ao explorar aspectos fundamentais da psicologia humana. Alguns exemplos de como eles afetam as decisões incluem:

1. Reciprocidade: Quando uma empresa oferece algo de valor aos consumidores, como um brinde ou conteúdo útil, os consumidores se sentem compelidos a retribuir, muitas vezes comprando produtos ou serviços da empresa.

2. Escassez: A percepção de que algo é escasso ou limitado no tempo pode levar os consumidores a agir rapidamente, temendo perder a oportunidade.

3. Prova Social: Quando as pessoas veem que outros estão satisfeitos com um produto ou serviço, são mais propensas a seguir o exemplo, pois isso cria um senso de confiança e validação.

4. Autoridade: A demonstração de autoridade e expertise em um determinado campo pode fazer com que os consumidores confiem mais na empresa e em suas ofertas.

Exemplos de Empresas ou Campanhas que se Beneficiaram de Gatilhos Mentais:

1. Amazon: A Amazon utiliza gatilhos mentais de escassez em seus produtos, mostrando quantos itens estão disponíveis em estoque e quantos já foram vendidos, incentivando os compradores a agir rapidamente.

2. Apple: A Apple construiu uma marca em torno da autoridade e da inovação, convencendo os consumidores de que seus produtos são os melhores e mais avançados.

3. Booking.com: Este site de reservas de hotéis utiliza a escassez e a prova social, mostrando quantos quartos estão disponíveis e quantas pessoas estão visualizando um determinado hotel, incentivando a reserva rápida.

4. Coca-Cola: A Coca-Cola frequentemente cria campanhas emocionais que apelam para a nostalgia e as emoções, conectando-se profundamente com os consumidores.

Os gatilhos mentais desempenham um papel vital no marketing, influenciando as decisões dos consumidores e aumentando a eficácia das estratégias de marketing. Empresas que compreendem e aplicam esses gatilhos de maneira eficaz podem obter resultados significativos em termos de aquisição e retenção de clientes.

3. Como os gatilhos mentais afetam o comportamento humano.

Os gatilhos mentais têm o poder de moldar o comportamento humano através da exploração de princípios psicológicos profundos e inerentes à natureza humana. Eles influenciam as escolhas, a tomada de decisões e as ações das pessoas de várias maneiras. Vamos analisar em detalhes como os gatilhos mentais afetam o comportamento humano:

1. Reciprocidade:

- Como Funciona: O princípio da reciprocidade envolve a tendência humana de retribuir favores e ações positivas. Quando alguém recebe algo, sente-se compelido a dar algo em troca.

- Influência no Comportamento: Empresas que oferecem amostras grátis, brindes ou conteúdo útil geralmente recebem uma resposta positiva dos clientes, que se sentem inclinados a comprar ou a se envolver mais profundamente com a marca.

- Exemplo: A Amazon oferece sugestões de produtos relacionados com base nas compras anteriores dos clientes, usando a reciprocidade para incentivar mais compras.

2. Escassez:

- Como Funciona: As pessoas tendem a valorizar mais o que é escasso ou limitado no tempo. A escassez cria um senso de urgência.
- Influência no Comportamento: Promoções com prazo limitado ou produtos com estoque limitado muitas vezes levam as pessoas a tomar decisões de compra mais rapidamente.
- Exemplo: As vendas de ingressos para shows ou eventos frequentemente usam a escassez como tática, anunciando que "os ingressos estão se esgotando rapidamente".

3. Prova Social:

- Como Funciona: As pessoas têm a tendência de seguir o comportamento dos outros quando estão incertas sobre o que fazer. A prova social envolve a influência das ações e opiniões dos outros.
- Influência no Comportamento: Avaliações de clientes, depoimentos e contagens de "curtidas" em redes sociais são formas de prova social que podem influenciar decisões de compra e escolhas de produtos.
- Exemplo: A plataforma de hospedagem Airbnb exibe avaliações de outros hóspedes e a taxa de ocupação de propriedades, incentivando a confiança dos viajantes.

4. Autoridade:

- Como Funciona: As pessoas tendem a seguir a liderança de figuras de autoridade ou especialistas em um determinado campo.

- Influência no Comportamento: Empresas e indivíduos que demonstram autoridade e conhecimento em um assunto têm mais probabilidade de influenciar as decisões dos consumidores.

- Exemplo: A empresa de tecnologia Apple usa o prestígio de seus produtos e a imagem de Steve Jobs como líder visionário para atrair seguidores leais.

5. Curiosidade e FOMO (Fear of Missing Out):

- Como Funciona: A curiosidade é um impulso humano para buscar informações e respostas. O FOMO é o medo de perder algo importante.

- Influência no Comportamento: Campanhas de marketing que geram curiosidade ou destacam oportunidades únicas podem atrair a atenção e ação imediata.

- Exemplo: A Netflix muitas vezes lança séries com ganchos emocionantes no final dos episódios, incentivando as pessoas a continuar assistindo.

6. Emoções e Conexão Humana:

- Como Funciona: As emoções desempenham um papel fundamental nas decisões humanas. As pessoas se conectam mais profundamente com mensagens e histórias emocionais.

- Influência no Comportamento: Campanhas que evocam emoções específicas podem influenciar ações, como doações para causas humanitárias.

- Exemplo: A campanha da Dove sobre a autoestima das mulheres, que promoveu uma imagem corporal positiva, conectou-se emocionalmente com seu público.

Estes são apenas alguns exemplos de como os gatilhos mentais têm o poder de influenciar o comportamento humano. Eles exploram aspectos fundamentais da psicologia humana para direcionar a atenção, criar conexões emocionais, acelerar decisões e incentivar ações específicas. Empresas e profissionais de marketing que compreendem e aplicam esses princípios podem criar estratégias mais eficazes para atingir seus objetivos.

4. Princípios psicológicos por trás dos gatilhos mentais.

Os gatilhos mentais são eficazes devido aos princípios psicológicos fundamentais que exploram. Vamos explorar alguns desses princípios e como eles se relacionam com os gatilhos mentais:

1. Escassez:

- Princípio Psicológico: O princípio da escassez está fundamentado na aversão humana à perda. As pessoas tendem a valorizar mais aquilo que percebem como raro ou limitado.

- Aplicação nos Gatilhos Mentais: Ao criar uma sensação de escassez, os gatilhos mentais motivam as pessoas a agir rapidamente, temendo perder a oportunidade única.

2. Reciprocidade:

- Princípio Psicológico: A reciprocidade é uma norma social amplamente aceita. As pessoas sentem uma obrigação psicológica de retribuir quando alguém lhes dá algo.

- Aplicação nos Gatilhos Mentais: Ao oferecer algo de valor, como um brinde, conteúdo útil ou um favor, os gatilhos mentais estimulam a reciprocidade, fazendo com que as pessoas estejam mais dispostas a responder positivamente.

3. Prova Social:

- Princípio Psicológico: As pessoas tendem a seguir o comportamento dos outros quando estão incertas sobre o que fazer. A conformidade social é uma parte intrínseca da psicologia humana.

- Aplicação nos Gatilhos Mentais: Ao mostrar que outros estão usando ou aprovando um produto ou serviço, os gatilhos mentais usam a prova social para influenciar as escolhas das pessoas.

4. Autoridade:

- Princípio Psicológico: O respeito pela autoridade é uma característica profunda da psicologia humana. As pessoas estão inclinadas a seguir a liderança de figuras de autoridade ou especialistas.

- Aplicação nos Gatilhos Mentais: Ao demonstrar autoridade em um determinado campo, seja por meio de títulos, prêmios ou conhecimento, os gatilhos mentais ganham a confiança das pessoas e as influenciam a seguir.

5. Curiosidade e FOMO (Fear of Missing Out):

- Princípio Psicológico: A curiosidade é uma força motivadora que nos leva a buscar informações e respostas. O FOMO é baseado no medo de perder oportunidades importantes.

- Aplicação nos Gatilhos Mentais: Os gatilhos mentais exploram a curiosidade criando lacunas de conhecimento ou destacando oportunidades únicas, estimulando a ação com base no medo de perder algo importante.

6. Emoções e Conexão Humana:
- Princípio Psicológico: As emoções desempenham um papel fundamental nas decisões humanas. A empatia e a conexão emocional são elementos poderosos da psicologia humana.
- Aplicação nos Gatilhos Mentais: Os gatilhos mentais que evocam emoções específicas podem criar uma conexão mais profunda com as pessoas, influenciando suas decisões e ações.

Esses princípios psicológicos estão profundamente enraizados na compreensão da psicologia humana e têm sido estudados extensivamente. Os gatilhos mentais são estratégias que capitalizam esses princípios para persuadir e influenciar as pessoas de maneira ética e eficaz. Ao compreender como esses princípios funcionam, as empresas e os profissionais de marketing podem criar estratégias mais impactantes para alcançar seus objetivos, ao mesmo tempo em que respeitam a psicologia e o bem-estar dos indivíduos.

5. Exemplos de gatilhos mentais eficazes.

Certos gatilhos mentais têm se mostrado eficazes em diversas situações e contextos. Abaixo estão alguns exemplos concretos de gatilhos mentais e como eles foram aplicados com sucesso em diferentes áreas:

1. Reciprocidade:
   - Exemplo: A Amazon oferece frete grátis em compras acima de um determinado valor. Isso faz com que os clientes se sintam inclinados a comprar mais produtos para aproveitar o benefício.

2. Escassez:
   - Exemplo: Sites de reserva de hotéis frequentemente mostram quantos quartos estão disponíveis e quantas pessoas estão visualizando uma determinada oferta, criando uma sensação de escassez e urgência.

3. Prova Social:
   - Exemplo: As avaliações de clientes em sites de compras, como a Amazon, influenciam significativamente as decisões de compra. Os compradores são mais propensos a escolher produtos com avaliações positivas.

4. Autoridade:

- Exemplo: Empresas farmacêuticas frequentemente usam a imagem de médicos e cientistas em suas campanhas publicitárias para transmitir autoridade e confiança nos produtos.

5. Curiosidade e FOMO (Fear of Missing Out):

- Exemplo: A Apple é conhecida por suas estratégias de lançamento, gerando curiosidade com anúncios enigmáticos e teasers que deixam as pessoas ansiosas para ver os novos produtos.

6. Emoções e Conexão Humana:

- Exemplo: A campanha "Real Beauty" da Dove desafiou os padrões de beleza convencionais e evocou emoções positivas, criando uma conexão emocional profunda com seu público.

7. Reciprocidade e Vendas:

- Exemplo: Durante a temporada de festas, as lojas físicas frequentemente oferecem degustações de produtos, como chocolates ou bebidas, criando um senso de reciprocidade que leva os clientes a comprar presentes.

8. Escassez em Vendas Online:

- Exemplo: Lojas online muitas vezes exibem mensagens como "Apenas X unidades restantes" ou "Oferta válida apenas hoje", incentivando os visitantes a finalizar a compra imediatamente.

9. Prova Social em Marketing Digital:
- Exemplo: Redes sociais frequentemente mostram o número de seguidores ou curtidas em páginas e postagens, aproveitando a prova social para atrair mais seguidores.

10. Autoridade em Educação:
- Exemplo: Universidades frequentemente destacam as credenciais acadêmicas de seus professores e pesquisadores em suas campanhas de marketing, enfatizando a autoridade no campo educacional.

Esses exemplos ilustram como os gatilhos mentais podem ser adaptados para diferentes objetivos e setores. Eles não são restritos ao marketing, mas também são amplamente aplicados em vendas, educação, psicologia, políticas e outros campos. A versatilidade dos gatilhos mentais reside em sua capacidade de explorar a psicologia humana fundamental, influenciando decisões e comportamentos em uma variedade de contextos.

Capítulo 2: Autoridade e Credibilidade

1. A influência da autoridade nos gatilhos mentais.

A Influência da Autoridade nos Gatilhos Mentais:

A autoridade é um componente crucial dos gatilhos mentais, e sua influência se baseia no princípio psicológico de que as pessoas têm uma tendência inata a respeitar e seguir a liderança de figuras de autoridade ou especialistas em um determinado campo. Quando aplicada como um gatilho mental, a autoridade pode ter um profundo impacto nas decisões e ações das pessoas.

Como a Percepção de Autoridade Influencia as Decisões e Ações:

1. Credibilidade: As figuras de autoridade são vistas como fontes confiáveis e credíveis de informações. A percepção de credibilidade é fundamental para influenciar as decisões das

pessoas, pois elas tendem a acreditar mais no que é dito por autoridades em relação a outras fontes.

2. Redução da Incerteza: A presença de autoridade reduz a incerteza nas decisões. As pessoas se sentem mais confortáveis em seguir a orientação de alguém que demonstra conhecimento e expertise, pois acreditam que isso minimiza o risco de erro.

3. Efeito Halo: A autoridade em uma área específica pode "espalhar" sua influência para outras áreas relacionadas. Isso é conhecido como efeito halo, onde a confiança em um campo específico se estende a outras áreas em que a autoridade está envolvida.

Exemplos de Alavancagem da Autoridade como Gatilho Mental:

1. Endossos de Celebridades: Muitas empresas contratam celebridades como embaixadores de suas marcas. Essas celebridades são vistas como autoridades em seus campos e, ao endossar um produto ou serviço, podem influenciar profundamente as decisões de compra dos consumidores.

2. Especialistas em Saúde: Os médicos e especialistas em saúde são frequentemente usados em campanhas publicitárias para produtos relacionados à saúde. A autoridade de um médico pode persuadir as pessoas a seguir recomendações de tratamento ou a escolher determinados medicamentos.

3. Profissionais Financeiros: Empresas de serviços financeiros frequentemente empregam consultores financeiros com certificações e experiência em finanças. Essa autoridade é usada para persuadir os clientes a tomar decisões de investimento específicas.

4. Blogs e Conteúdo Online: Blogueiros e influenciadores que se estabelecem como autoridades em nichos específicos podem influenciar as decisões de compra de seus seguidores. Se eles recomendam produtos ou serviços, seus seguidores são mais propensos a considerar essas recomendações com seriedade.

5. Artigos Científicos e Acadêmicos: A publicação de pesquisas científicas em revistas respeitáveis ou a citação de estudos acadêmicos em argumentos persuasivos é uma forma de alavancar a autoridade intelectual.

Esses exemplos demonstram como a autoridade é um gatilho mental eficaz em estratégias de persuasão. Quando as pessoas percebem que estão recebendo conselhos ou recomendações de uma fonte de autoridade, são mais propensas a seguir essas orientações ou tomar as ações sugeridas. A autoridade é uma ferramenta poderosa que pode ser usada de maneira ética para influenciar decisões em uma variedade de contextos.

2. Construindo sua autoridade pessoal ou de negócios.

Construir autoridade pessoal ou de negócios é um processo que requer tempo, esforço e consistência. Aqui estão passos e estratégias para ajudar a desenvolver uma reputação sólida e confiável em um campo específico:

1. Escolha um Nicho ou Tópico Específico:
   - Comece escolhendo um nicho ou tópico em que você deseja construir autoridade. Escolher um campo específico permite que você se concentre em aprofundar seu conhecimento e experiência.

2. Eduque-se Constantemente:

- Mantenha-se atualizado com as últimas tendências, pesquisas e desenvolvimentos em seu campo. Leia livros, artigos, participe de cursos e conferências relevantes e siga influenciadores e especialistas em seu nicho.

3. Produza Conteúdo de Qualidade:

- Crie conteúdo valioso e informativo que ajude os outros a resolver problemas ou a adquirir conhecimento. Isso pode incluir blogs, vídeos, podcasts, webinars, artigos acadêmicos, entre outros.

4. Compartilhe Seu Conhecimento:

- Não tenha medo de compartilhar o que você sabe. Contribua para fóruns, grupos de discussão, redes sociais e outras comunidades relacionadas ao seu campo. Responda a perguntas, forneça insights e ajude os outros.

5. Desenvolva Relacionamentos:

- Conecte-se com outros profissionais, influenciadores e colegas em seu campo. Relações sólidas podem abrir portas para oportunidades de colaboração e aumentar sua visibilidade.

6. Construa Uma Presença Online Sólida:

- Tenha um site profissional e perfis ativos em redes sociais relevantes. Certifique-se de que seu conteúdo seja consistente e esteja alinhado com sua área de autoridade.

7. Publicações e Apresentações:

- Contribua com artigos para publicações respeitáveis em seu nicho. Além disso, considere dar palestras ou apresentações em conferências e webinars para compartilhar seu conhecimento.

8. Demonstre Consistência e Credibilidade:

- Cumpra prazos, seja confiável e mantenha altos padrões éticos. A consistência ao longo do tempo é fundamental para construir uma reputação sólida.

9. Coleta de Depoimentos e Recomendações:

- Peça a clientes, colegas ou seguidores para fornecerem depoimentos ou recomendações sobre sua expertise e habilidades. Isso pode ser usado como prova de sua autoridade.

10. Aprenda com o Feedback:

- Esteja aberto ao feedback construtivo e use-o para melhorar. Mostre que você está disposto a aprender e a crescer em seu campo.

11. Seja Paciente:

- A construção da autoridade leva tempo. Não espere resultados instantâneos. Concentre-se em sua paixão pelo tópico e na qualidade de seu trabalho.

12. Rede de Apoio:

- Construir autoridade pessoal ou de negócios muitas vezes é uma jornada mais fácil quando você tem uma rede de apoio. Converse com mentores, colegas e amigos que podem oferecer orientação e apoio ao longo do caminho.

Lembre-se de que a construção da autoridade é um processo contínuo. À medida que você se torna mais reconhecido em seu campo, a responsabilidade de manter e aprimorar sua autoridade aumenta. Seja autêntico, comprometido e dedicado ao seu nicho, e você verá sua autoridade crescer gradualmente ao longo do tempo.

3. Depoimentos e estudos de caso como ferramentas de credibilidade.

Depoimentos e Estudos de Caso como Ferramentas de Credibilidade:

Depoimentos e estudos de caso são ferramentas poderosas para fortalecer a credibilidade de um indivíduo, empresa ou produto. Eles são utilizados para demonstrar resultados reais e experiências positivas, o que pode impactar positivamente a percepção de outras pessoas. Aqui estão algumas maneiras de utilizá-los eficazmente:

Depoimentos de Clientes Satisfeitos:

1. Impacto na Percepção: Os depoimentos de clientes satisfeitos fornecem evidências sociais da qualidade de um produto ou serviço. Eles aumentam a confiança de novos clientes, mostrando que outras pessoas tiveram uma experiência positiva.

2. Humanização da Marca: Os depoimentos adicionam uma dimensão humana à sua marca ou

empresa, mostrando que você está servindo pessoas reais com necessidades e desafios reais.

3. Relevância: Certifique-se de que os depoimentos sejam relevantes para o público-alvo. Clientes em potencial devem se identificar com os depoimentos e sentir que suas próprias preocupações estão sendo abordadas.

Estudos de Caso:

1. Evidência Tangível: Os estudos de caso fornecem evidências tangíveis de como seu produto ou serviço resolveu problemas ou alcançou resultados positivos para seus clientes.

2. Contexto e Profundidade: Eles permitem que você conte a história completa, descrevendo o desafio inicial, as soluções adotadas e os resultados alcançados. Isso ajuda a criar uma narrativa envolvente.

3. Demonstração de Experiência: Os estudos de caso demonstram seu conhecimento e expertise em seu campo. Eles mostram que você entende profundamente os problemas e necessidades dos clientes.

Orientações para Coletar e Apresentar Depoimentos e Estudos de Caso de Maneira Convincente:

1. Solicite Permissão: Sempre peça permissão aos clientes antes de usar seus depoimentos ou estudos de caso. Certifique-se de que eles estejam confortáveis com a divulgação de suas experiências.

2. Seja Autêntico: Não altere ou edite demais os depoimentos. Eles devem refletir a voz e a experiência reais dos clientes.

3. Inclua Dados Tangíveis: Em estudos de caso, forneça números e métricas concretas para ilustrar o sucesso. Isso torna os resultados mais convincentes.

4. Utilize Mídia Visual: Adicione fotos ou vídeos dos clientes satisfeitos ou dos projetos realizados sempre que possível. A mídia visual torna as histórias mais envolventes.

5. Apresente Antes e Depois: Se aplicável, mostre a situação antes de seu produto ou serviço e como ela melhorou após a implementação.

6. Destaque Benefícios e Resultados: Concentre-se nos benefícios que os clientes obtiveram com sua ajuda. Isso mostra o valor real que você proporciona.

7. Seja Transparente: Forneça informações suficientes para que as pessoas possam entender o contexto dos depoimentos ou estudos de caso. A transparência aumenta a credibilidade.

8. Atualize Regularmente: À medida que você obtiver mais depoimentos e estudos de caso, atualize suas apresentações para manter o conteúdo relevante e atual.

Utilizar depoimentos e estudos de caso de maneira eficaz requer uma abordagem ética e autêntica. Eles são ferramentas valiosas para construir credibilidade e conquistar a confiança do público, destacando os resultados reais que você proporciona aos clientes.

4. Como usar certificados e selos de aprovação.

Importância dos Certificados e Selos de Aprovação:

Certificados e selos de aprovação desempenham um papel fundamental na construção da credibilidade de um indivíduo, empresa ou produto. Eles funcionam como indicadores externos de que determinados padrões de qualidade, segurança ou conformidade foram atendidos. A importância deles inclui:

1. Confiança do Consumidor: Certificados e selos de aprovação aumentam a confiança do consumidor, indicando que um produto ou serviço é confiável e atende a determinados critérios.

2. Diferenciação no Mercado: Em mercados competitivos, os certificados podem diferenciar uma empresa ou produto, demonstrando seu compromisso com a qualidade.

3. Conformidade Legal: Em algumas indústrias, a conformidade com regulamentações específicas é obrigatória. Certificados e selos garantem que a empresa está em conformidade.

4. Atratividade para Parceiros de Negócios: Empresas que buscam parcerias ou colaborações podem se beneficiar ao exibir certificações que mostram sua credibilidade.

5. Redução de Riscos: Certificados de segurança ou garantia de qualidade podem reduzir riscos legais e de responsabilidade.

Tipos de Certificados e Selos Relevantes:

Os tipos de certificados e selos variam de acordo com a indústria e a área de atuação. Alguns exemplos incluem:

1. Certificados de Qualidade ISO: Certificações ISO 9001 (gestão de qualidade) e ISO 14001 (gestão ambiental) são amplamente reconhecidas em várias indústrias.

2. Certificados de Segurança Alimentar: Como o Certificado HACCP (Análise de Perigos e Pontos Críticos de Controle) para empresas de alimentos.

3. Certificações Profissionais: Certificados emitidos por organizações profissionais ou associações, como certificações de TI, médicas ou legais.

4. Selos de Segurança na Internet: Como o SSL (Secure Sockets Layer) para segurança de sites.

5. Selos de Aprovação de Consumidores: Concedidos por organizações de defesa do consumidor ou avaliações de produtos e serviços.

Dicas para Obter e Exibir Certificados e Selos de Maneira Eficaz:

1. Identifique Requisitos Relevantes: Descubra quais certificados e selos são mais relevantes para sua indústria ou área de atuação, considerando regulamentações e expectativas do mercado.

2. Atenda aos Requisitos: Certifique-se de que sua empresa ou produto atende a todos os requisitos necessários para obter os certificados desejados.

3. Pesquise Organizações de Certificação Respeitáveis: Escolha organizações de certificação respeitáveis e reconhecidas em seu setor.

4. Siga as Diretrizes de Exibição: Respeite as diretrizes de exibição dos certificados e selos, garantindo que sejam apresentados de maneira clara e legível em seu site, produtos ou materiais de marketing.

5. Atualize Regularmente: Mantenha seus certificados atualizados, renovando-os conforme necessário. A exibição de certificados expirados pode prejudicar a credibilidade.

6. Comunique-se Transparentemente: Forneça informações claras sobre o significado dos certificados e como eles beneficiam seus clientes ou parceiros.

7. Use Casos de Estudo: Além de simplesmente exibir certificados, compartilhe casos de estudo ou histórias de sucesso que destacam como os certificados contribuíram para a qualidade ou segurança de seus produtos ou serviços.

8. Avalie o Feedback dos Clientes: Ouça o feedback dos clientes para garantir que seus produtos ou serviços estejam à altura dos padrões indicados pelos certificados.

9. Treinamento e Conscientização: Certifique-se de que sua equipe esteja ciente dos padrões e regulamentos associados aos certificados e selos e receba treinamento apropriado, se necessário.

Certificados e selos de aprovação são valiosos ativos de credibilidade que podem ajudar a fortalecer a confiança de seus clientes e parceiros. Eles devem ser usados de forma ética e transparente para maximizar seus benefícios.

5. Estratégias para demonstrar expertise.

Demonstrar expertise em um determinado campo é fundamental para construir credibilidade e se destacar. Aqui estão estratégias práticas para alcançar isso:

1. Educação Contínua:
   - Busque educação e treinamento constantes em seu campo de atuação. Certificações, cursos online, workshops e participação em conferências são formas de se manter atualizado.

2. Publicação de Conteúdo de Qualidade:
   - Crie e compartilhe regularmente conteúdo relevante e valioso, como artigos, blogs, vídeos ou

podcasts, que mostre seu conhecimento e experiência.

3. Redes Sociais e Blogging:
- Use plataformas de mídia social e blogs para compartilhar informações e insights relacionados ao seu campo. Participe de discussões e grupos relevantes.

4. Palestras e Apresentações:
- Ofereça palestras, webinars e apresentações em conferências ou eventos relacionados à sua área de expertise.

5. Colaborações e Parcerias:
- Colabore com outros profissionais respeitados em seu campo para projetos, artigos ou pesquisas conjuntas.

6. Mentoramento:
- Ofereça-se como mentor para profissionais mais novos em seu campo, compartilhando seu conhecimento e orientando-os.

7. Publicações e Reconhecimento em Mídias Respeitáveis:

- Busque oportunidades para ser citado em mídias respeitáveis, como jornais, revistas e sites de notícias.

8. Desenvolvimento de Ferramentas e Recursos:
- Crie ferramentas, guias, modelos ou recursos úteis que demonstrem seu conhecimento prático.

9. Participação em Comitês e Associações Profissionais:
- Seja ativo em comitês ou associações profissionais relacionadas ao seu campo, mostrando seu compromisso com a excelência.

10. Clientes Satisfeitos e Estudos de Caso:
- Apresente depoimentos de clientes satisfeitos e estudos de caso que destaquem como sua expertise resolveu problemas ou gerou resultados positivos.

11. Liderança de Pensamento:
- Assuma uma posição de liderança de pensamento em seu campo, expressando opiniões e perspectivas inovadoras.

Exemplos de Indivíduos e Empresas que Demonstraram Expertise:

1. Elon Musk (Tesla e SpaceX): Musk é amplamente reconhecido como um especialista em tecnologia espacial e veículos elétricos devido ao sucesso de suas empresas, SpaceX e Tesla.

2. Neil deGrasse Tyson (Astrofísico): Tyson é um comunicador científico que demonstrou expertise em astrofísica através de seus programas de televisão, livros e palestras.

3. Harvard Business Review: A Harvard Business Review é uma publicação que atrai especialistas em negócios e liderança de pensamento para escrever artigos sobre as tendências e desafios do mundo dos negócios.

4. HubSpot (Marketing Digital): A HubSpot é uma empresa de marketing digital que demonstra expertise em inbound marketing e automação de marketing, compartilhando recursos educacionais e oferecendo certificações.

5. Dr. Anthony Fauci (Especialista em Doenças Infecciosas): Fauci demonstrou expertise em doenças infecciosas e liderou esforços de saúde pública durante a pandemia de COVID-19.

Esses exemplos ilustram como indivíduos e empresas podem se destacar ao demonstrar expertise em seus campos. A combinação de educação contínua, compartilhamento de conhecimento e liderança de pensamento é essencial para construir e manter a autoridade em um campo específico.

Capítulo 3: Escassez e Urgência

1. Como a escassez influencia as decisões.

A escassez é um fator psicológico poderoso que afeta as decisões das pessoas de várias maneiras. Ela se baseia na ideia de que os seres humanos tendem a valorizar mais aquilo que é percebido como raro, limitado ou difícil de obter. Aqui estão alguns conceitos-chave relacionados à escassez e como ela influencia as decisões:

1. Medo de Perder Oportunidades (FOMO - Fear of Missing Out):
   - As pessoas têm medo de perder oportunidades únicas ou vantajosas. Quando algo é percebido como escasso, o medo de perder a chance de obtê-lo muitas vezes impulsiona a ação.

2. Valorização de Itens Raros:
   - Itens ou recursos raros são frequentemente percebidos como mais valiosos. A escassez aumenta a percepção de valor de um item, mesmo que seu valor intrínseco seja o mesmo.

3. Sensação de Urgência:

- A escassez cria uma sensação de urgência, levando as pessoas a agirem rapidamente para adquirir o que está em falta antes que seja tarde demais.

4. Influência nas Decisões de Compra:
- No contexto de compras, a escassez pode levar as pessoas a comprar produtos ou serviços que elas talvez não comprassem de outra forma, simplesmente porque acreditam que a oferta é limitada no tempo ou na quantidade.

Pesquisas e Estudos sobre a Influência da Escassez:

1. Experimento do Biscoito de Chocolate (Worchel et al., 1975): Este estudo clássico envolveu a apresentação de biscoitos de chocolate em duas situações: uma em que os biscoitos eram abundantes e outra em que eram escassos. Os resultados mostraram que os biscoitos escassos eram avaliados como mais saborosos e desejáveis, mesmo que fossem idênticos aos biscoitos abundantes.

2. Vendas Relâmpago e Ofertas Limitadas no Tempo: Muitas empresas usam estratégias de vendas relâmpago e ofertas de tempo limitado para

aproveitar o princípio da escassez. Os consumidores são incentivados a comprar produtos ou serviços com base na percepção de que a oferta é temporária.

3. Estratégias de Leilão Online: Sites de leilão online, como o eBay, fazem uso da escassez ao mostrar quantos itens estão disponíveis e quanto tempo resta para fazer lances. Isso cria uma competição entre os compradores e pode resultar em lances mais altos.

4. Lançamentos Limitados de Produtos (e.g., Edição Limitada): Muitas empresas lançam produtos em edições limitadas para criar um senso de escassez. Isso não apenas atrai os consumidores, mas também pode levar à revenda desses produtos a preços mais altos devido à percepção de raridade.

Esses estudos e exemplos demonstram que a escassez é uma influência psicológica poderosa que pode moldar o comportamento humano e afetar significativamente as decisões de compra. As pessoas tendem a valorizar mais o que é escasso, o que as leva a agir de maneira diferente do que agiriam em situações de abundância. A compreensão desse princípio é fundamental para profissionais de marketing e vendedores que desejam criar estratégias persuasivas eficazes.

2. Estratégias de criação de escassez em marketing.

Estratégias de Criação de Escassez em Marketing:

A criação de escassez é uma estratégia de marketing eficaz para estimular a demanda e impulsionar as vendas. Aqui estão algumas táticas comuns que podem ser usadas para criar uma sensação de escassez:

1. Estoques Limitados:
   - Anunciar que há apenas um número limitado de produtos disponíveis pode incentivar os consumidores a agir rapidamente para não perder a oportunidade. Por exemplo, "Apenas 10 unidades restantes!"

2. Ofertas Exclusivas por Tempo Limitado:
   - Oferecer descontos, promoções ou pacotes especiais por um período limitado pode criar um senso de urgência. Por exemplo, "Desconto de 50% apenas hoje!"

3. Lançamentos Limitados:
- Lançar produtos ou edições especiais em quantidades limitadas gera interesse e desejo. Isso é frequentemente visto em lançamentos de tênis, roupas e itens colecionáveis.

4. Contagem Regressiva:
- Usar uma contagem regressiva em seu site ou em campanhas de e-mail pode criar um senso de urgência, incentivando os clientes a agir antes que o tempo se esgote.

5. Pré-venda Exclusiva:
- Oferecer uma pré-venda exclusiva para um grupo seleto de clientes ou assinantes de e-mail pode criar uma sensação de privilégio e escassez.

6. Fornecimento Limitado por Região:
- Limitar a disponibilidade de um produto ou serviço a determinadas regiões ou países pode criar uma escassez geográfica, incentivando as pessoas nessas áreas a agirem.

7. Promoções Relâmpago:

- Realizar promoções relâmpago, em que um produto é oferecido a um preço muito reduzido por um curto período, pode atrair compradores imediatos.

8. "Última Chance" e "Esgotando-se Rapidamente":
- Usar frases como "Última chance para comprar" ou "Esgotando-se rapidamente" em seus anúncios ou descrições de produtos cria uma sensação de urgência.

9. Ofertas de Tempo Limitado em Compras Online:
- Sites de compras online frequentemente usam temporizadores de contagem regressiva para mostrar quanto tempo um item estará disponível a um preço promocional.

10. Inscrições Limitadas em Webinars ou Eventos:
- Limitar o número de vagas em webinars, seminários online ou eventos ao vivo pode criar uma escassez de participação.

Uso Ético e Eficaz da Escassez em Marketing:

A criação de escassez é uma estratégia eficaz quando usada de maneira ética. É importante não enganar os clientes, criando falsas escassezes. Aqui estão algumas diretrizes:

1. Transparência: Seja transparente sobre os detalhes da escassez. Informe os clientes sobre quantidades reais disponíveis ou prazos reais.

2. Cumpra Prazos: Certifique-se de que as ofertas por tempo limitado realmente expirem quando prometido. Não estenda artificialmente as promoções.

3. Comunique a Razão: Explique por que a escassez existe. Pode ser devido a uma edição limitada, estoque baixo ou sazonalidade.

4. Crie Valor Real: Certifique-se de que a oferta em questão realmente tenha valor para os clientes. Não use a escassez como uma tática para empurrar produtos indesejados.

5. Avalie o Feedback: Esteja aberto ao feedback dos clientes para entender como eles percebem suas estratégias de escassez.

A escassez é uma ferramenta valiosa quando usada eticamente, pois pode impulsionar o envolvimento do cliente, aumentar as vendas e criar uma experiência de compra emocionante.

3. Utilizando promoções de tempo limitado.
Promoções de Tempo Limitado para Criar Urgência:

As promoções de tempo limitado são uma tática de marketing comum para criar urgência nas ações dos consumidores. Elas funcionam ao estabelecer um prazo claro durante o qual os consumidores podem aproveitar um desconto, oferta especial ou benefício adicional. Aqui estão os detalhes sobre como essa estratégia é eficaz:

1. Criação de Urgência: Ao estabelecer um prazo, as promoções de tempo limitado criam uma sensação de urgência. Os consumidores sentem que precisam agir rapidamente para aproveitar a oferta antes que ela expire.

2. Geração de Excitação: As promoções de tempo limitado geram entusiasmo e expectativa entre os consumidores, pois eles antecipam uma recompensa ou economia significativa.

3. Tomada de Decisão Rápida: A urgência induz os consumidores a tomar decisões de compra mais

rapidamente. Isso pode acelerar o processo de compra.

Orientações para Planejar e Executar Promoções de Tempo Limitado:

1. Defina Objetivos Claros: Estabeleça metas específicas para a promoção, como aumento nas vendas, limpeza de estoque ou aquisição de novos clientes.

2. Determine o Prazo: Escolha cuidadosamente o período da promoção. O prazo deve ser curto o suficiente para criar urgência, mas não tão curto a ponto de desencorajar a participação.

3. Comunique com Antecedência: Anuncie a promoção com antecedência para criar expectativa. Use e-mails, mídia social, site e outros canais para informar os clientes sobre a oferta iminente.

4. Ofereça Valor Real: Certifique-se de que a promoção ofereça um valor real para os clientes. Descontos significativos, brindes ou benefícios adicionais são formas eficazes de atrair consumidores.

5. Crie Ativos de Marketing Atraentes: Desenvolva materiais de marketing atraentes, como banners, anúncios e imagens que destaquem a promoção e o prazo.

6. Acompanhe Resultados: Use ferramentas de análise para acompanhar o desempenho da promoção. Isso permite ajustar futuras estratégias com base em dados reais.

7. Entenda as Limitações Legais: Esteja ciente das regulamentações de publicidade e vendas em seu mercado. Certos termos e condições podem ser obrigatórios.

Benefícios e Desafios das Promoções de Tempo Limitado:

Benefícios:

1. Aumento de Vendas: As promoções de tempo limitado podem aumentar as vendas de forma significativa durante o período da promoção.

2. Limpeza de Estoque: Essas promoções são eficazes para vender produtos em estoque ou sazonais.

3. Aquisição de Novos Clientes: A urgência pode atrair novos clientes que estavam considerando fazer uma compra.

Desafios:

1. Desconto de Margens: Oferecer descontos pode afetar as margens de lucro, especialmente se não for bem planejado.

2. Expectativas Futuras: Os clientes podem esperar promoções regulares, tornando mais difícil vender a preço integral.

3. Sobrecarga de Comunicação: Se não gerenciada adequadamente, a comunicação constante sobre promoções pode ser irritante para os clientes.

Promoções de tempo limitado são uma ferramenta poderosa para criar urgência nas decisões de compra dos consumidores. Quando planejadas e executadas com cuidado, elas podem aumentar as vendas e o envolvimento do cliente. No entanto, é importante equilibrar os benefícios com os desafios associados a essa estratégia.

4. Escassez de produtos e edição limitada.

Edição Limitada e a Geração de Interesse Exclusivo:

A oferta de produtos de edição limitada é uma estratégia de marketing poderosa que gera interesse exclusivo e demanda entre os consumidores. Ela se baseia na escassez percebida, onde os clientes sabem que há apenas um número limitado de itens disponíveis por um curto período. Aqui está uma análise dessa estratégia:

1. Criação de Exclusividade: Produtos de edição limitada criam uma sensação de exclusividade, pois os consumidores percebem que estão adquirindo algo único e raro.

2. Urgência e Impulso de Compra: A natureza limitada da oferta cria urgência, levando os consumidores a agir rapidamente para adquirir o produto antes que ele se esgote.

3. Fidelização de Clientes: Os clientes podem se sentir mais inclinados a comprar produtos de edição limitada de uma marca que valorizam, fortalecendo assim a lealdade à marca.

4. Geração de Zelo e Hype: Produtos de edição limitada muitas vezes geram entusiasmo nas mídias sociais e na comunidade, criando zelo e hype em torno da marca.

Casos de Sucesso de Marcas com Edição Limitada:

1. Nike: A Nike é conhecida por suas colaborações de edição limitada com designers e celebridades. Os tênis de edição limitada da Nike, como os modelos Air Jordan, frequentemente esgotam rapidamente devido à alta demanda e ao apelo exclusivo.

2. Apple: A Apple lançou edições limitadas de produtos, como o iPhone RED, em parceria com a (RED) para apoiar a luta contra a AIDS. Esses produtos geram entusiasmo e contribuem para uma boa causa.

3. Hermès: A marca de luxo Hermès é conhecida por suas bolsas de edição limitada, como a Birkin e a Kelly. A escassez dessas bolsas aumenta sua aura de exclusividade e desejabilidade.

Gerenciamento Adequado da Produção e Distribuição:

Gerenciar adequadamente a produção e distribuição de produtos escassos é crucial para o sucesso dessa estratégia:

1. Planejamento Antecipado: Preveja a demanda e planeje a produção com antecedência, levando em consideração o tempo de fabricação e entrega.

2. Comunicação Clara: Informe aos clientes a data de lançamento e o número de unidades disponíveis. A comunicação clara ajuda a criar expectativa.

3. Pré-venda e Reservas: Considere a opção de pré-venda para medir a demanda antecipadamente e garantir que você tenha produtos suficientes.

4. Monitoramento em Tempo Real: Monitore constantemente os níveis de estoque durante o período da edição limitada e comunique qualquer esgotamento iminente.

5. Desenvolvimento de Estratégias de Marketing: Crie estratégias de marketing atraentes que

destaquem a exclusividade e a urgência da edição limitada.

6. Exclusividade Geográfica: Se desejar, limite a disponibilidade geograficamente para criar um senso de escassez em regiões específicas.

7. Atendimento ao Cliente: Esteja preparado para lidar com perguntas e preocupações dos clientes sobre a disponibilidade do produto.

O uso eficaz de produtos de edição limitada pode fortalecer a marca, aumentar as vendas e criar entusiasmo entre os clientes. No entanto, é importante gerenciar cuidadosamente a produção e a distribuição para evitar frustrações e garantir que a estratégia seja percebida como autêntica e valiosa pelos consumidores.

5. Psicologia da urgência e como aplicá-la.

Psicologia da Urgência:

A psicologia da urgência se baseia na ideia de que os seres humanos são influenciados por uma sensação de pressa e pela necessidade de tomar decisões rápidas. Isso ocorre porque a urgência ativa nosso instinto de sobrevivência e nos faz agir para evitar a perda ou aproveitar uma oportunidade. Aqui estão os principais elementos da psicologia da urgência:

1. Medo de Perder: As pessoas têm medo de perder oportunidades, recursos ou benefícios. Quando percebem que algo está prestes a desaparecer, sentem a pressão de agir rapidamente para não perder.

2. Sensação de Escassez: A percepção de que algo é limitado ou escasso aumenta seu valor percebido. Isso ocorre porque a escassez nos faz acreditar que algo é mais valioso devido à sua raridade.

3. Sensação de Oportunidade: A urgência cria uma sensação de oportunidade única. As pessoas sentem que estão obtendo algo especial ou exclusivo quando agem rapidamente.

Aplicação da Urgência:

A urgência pode ser aplicada de diversas formas em contextos diversos, como vendas, marketing online e negociações. Aqui estão algumas maneiras de aplicá-la eficazmente:

1. Promoções de Tempo Limitado: Ofereça descontos ou ofertas especiais por um período limitado. Comunique claramente a data de expiração para criar urgência.

2. Contagem Regressiva: Use temporizadores de contagem regressiva em seu site para mostrar quanto tempo os clientes têm para aproveitar uma oferta ou fazer uma compra.

3. Estoque Limitado: Anuncie estoques limitados de produtos para incentivar os clientes a agir rapidamente antes que o item se esgote.

4. Exclusividade: Ofereça acesso exclusivo a um grupo seleto de clientes por um tempo limitado, criando uma sensação de privilégio.

5. Leilões Online: Use leilões online com prazos definidos para criar uma competição entre os participantes e estimular lances mais altos.

6. Descontos Progressivos: Ofereça descontos progressivos que diminuem à medida que o tempo passa, incentivando a compra imediata.

7. Ofertas Relâmpago: Anuncie ofertas surpresa por um curto período de tempo, surpreendendo os clientes com uma oportunidade inesperada.

Comunicação Eficaz da Urgência:

Para comunicar eficazmente a urgência aos consumidores ou partes interessadas, siga estas diretrizes:

1. Seja Claro e Transparente: Comunique as condições e limitações da oferta de forma clara e transparente para evitar mal-entendidos.

2. Destaque a Escassez: Enfatize que a oferta é limitada em quantidade, tempo ou disponibilidade geográfica.

3. Use Linguagem Persuasiva: Utilize palavras e frases persuasivas, como "última chance", "estoque limitado" e "oferta exclusiva".

4. Mostre Benefícios Claros: Explique os benefícios que os clientes obterão ao agirem rapidamente.

5. Utilize Elementos Visuais: Além de texto, use elementos visuais como gráficos de contagem regressiva para reforçar a urgência.

6. Promova nas Mídias Sociais: Use as mídias sociais para criar expectativa e informar os seguidores sobre a oferta de urgência.

7. Envie Lembretes: Envie lembretes por e-mail ou notificações para alertar os clientes sobre o prazo de expiração da oferta.

8. Teste e Meça: Experimente diferentes abordagens de urgência e meça os resultados para identificar as estratégias mais eficazes.

A aplicação da psicologia da urgência pode ser uma estratégia persuasiva e eficaz em vários contextos. No entanto, é importante usá-la de maneira ética e transparente para construir a confiança dos clientes e evitar criar uma sensação de pressão excessiva.

Capítulo 4: Reciprocidade e Dar antes de Receber

1. O princípio da reciprocidade.

Princípio da Reciprocidade:

O princípio da reciprocidade é um fenômeno psicológico fundamental que descreve a tendência humana de responder a uma ação favorável com outra ação favorável. Em outras palavras, quando alguém nos faz um favor, nos dá algo ou age de forma generosa conosco, sentimos uma obrigação inconsciente de retribuir de alguma forma. Esse princípio é uma parte essencial das interações sociais e tem um impacto profundo no comportamento humano.

Influência da Reciprocidade no Comportamento Humano e Interações Sociais:

A reciprocidade influencia o comportamento humano de várias maneiras:

1. Criação de Vínculos Sociais: A reciprocidade fortalece os laços sociais ao criar uma troca mútua de benefícios. Isso ajuda a estabelecer confiança e solidariedade nas relações interpessoais.

2. Fortalecimento da Cooperação: A expectativa de reciprocidade incentiva as pessoas a cooperar umas com as outras. Sabendo que suas ações positivas serão retribuídas, as pessoas têm um incentivo para trabalhar juntas de maneira construtiva.

3. Resolução de Conflitos: A reciprocidade pode ser usada para resolver conflitos e disputas. Quando uma parte age de forma generosa ou faz concessões, a outra parte tende a responder de maneira semelhante, facilitando a resolução.

4. Marketing e Vendas: O princípio da reciprocidade é amplamente utilizado em estratégias de marketing e vendas. As empresas oferecem brindes, amostras grátis ou descontos para criar um senso de obrigação nos clientes, incentivando a compra.

5. Ajuda Altruística: A reciprocidade também está relacionada à ajuda altruística. Quando alguém recebe ajuda em um momento de necessidade, é mais provável que esteja disposto a ajudar outros em situações semelhantes.

Estudos e Exemplos da Reciprocidade:

1. Estudo de Presentes Gratuitos (Regan, 1971): Neste estudo clássico, os participantes foram convidados a ajudar um experimentador em uma tarefa. Em seguida, o experimentador "presenteou" os participantes com um refrigerante. Mais tarde, quando os participantes tiveram a oportunidade de retribuir, aqueles que receberam o presente eram mais propensos a ajudar novamente do que aqueles que não receberam nada.

2. Amostras Grátis em Supermercados: Muitos supermercados oferecem amostras grátis de produtos aos clientes. Essas amostras são dadas com a expectativa de que os clientes comprem o produto posteriormente.

3. Campanhas de Financiamento Coletivo (Crowdfunding): Em campanhas de financiamento coletivo, os criadores frequentemente oferecem recompensas aos apoiadores. Essas recompensas exploram o princípio da reciprocidade para incentivar as contribuições.

4. Brindes em Eventos de Marketing: Em eventos de marketing, como feiras comerciais, empresas frequentemente distribuem brindes, como canetas

personalizadas ou bolsas, para atrair visitantes e potenciais clientes.

Esses exemplos ilustram como as pessoas tendem a responder positivamente quando algo é dado a elas, criando um senso de obrigação de retribuir de alguma forma. O princípio da reciprocidade desempenha um papel significativo em nossa vida social e econômica, moldando nossas interações e influenciando nossas decisões.

2. Como oferecer valor antes de pedir algo.

Oferecendo Valor Antes de Pedir:

Oferecer valor antes de solicitar algo de outras pessoas é uma estratégia fundamental para construir relacionamentos sólidos, tanto pessoais quanto profissionais. Essa abordagem demonstra consideração, empatia e respeito pelos outros, criando um ambiente propício para o fortalecimento de conexões e a construção de confiança.

Importância de Oferecer Valor Antes de Pedir:

1. Construção de Confiança: Ao oferecer valor inicialmente, você demonstra que está disposto a investir na relação e que não está apenas interessado em benefícios pessoais. Isso ajuda a construir confiança mútua.

2. Criação de Relações Duradouras: Relações baseadas na reciprocidade e na oferta mútua de valor tendem a ser mais duradouras e significativas.

3. Fortalecimento da Reputação: Agir com generosidade e prestar auxílio aos outros contribui para uma boa reputação e é frequentemente recompensado com respeito e admiração.

4. Facilitação de Parcerias e Colaborações: Quando você oferece valor antes de pedir, é mais provável que outras pessoas estejam dispostas a colaborar e formar parcerias com você.

Estratégias para Oferecer Valor Antes de Pedir:

1. Compartilhe Conhecimento: Ofereça seu conhecimento e experiência de maneira proativa, seja por meio de mentorias, palestras, workshops ou dicas práticas.

2. Ajude sem Expectativas: Esteja disposto a ajudar os outros sem esperar algo em troca. Isso demonstra sua genuína preocupação com o bem-estar deles.

3. Seja um Bom Ouvinte: Ouça atentamente as necessidades e preocupações das pessoas ao seu redor e ofereça apoio ou conselhos quando apropriado.

4. Esteja Disponível: Esteja disponível para auxiliar sempre que for necessário, demonstrando que você valoriza o tempo e as necessidades dos outros.

5. Introduza Conexões: Faça introduções entre pessoas que podem se beneficiar mutuamente, criando oportunidades para ambos.

Benefícios de Oferecer Valor:

1. Construção de Redes Sólidas: Oferecer valor cria uma rede de contatos robusta e confiável, que pode ser benéfica em momentos de necessidade.

2. Fortalecimento da Comunidade: Ao contribuir para o bem-estar da sua comunidade ou ambiente

de trabalho, você ajuda a criar um ambiente mais positivo e colaborativo.

3. Desenvolvimento de Competências Sociais: Praticar a generosidade e a oferta de valor aprimora suas habilidades sociais e empatia.

4. Aumento de Oportunidades Profissionais: Relações sólidas podem resultar em novas oportunidades profissionais, como empregos, projetos colaborativos ou recomendações.

5. Satisfação Pessoal: A sensação de fazer a diferença na vida de alguém e ser apreciado por isso contribui para a satisfação pessoal e bem-estar emocional.

Oferecer valor antes de pedir algo é uma estratégia que enriquece relacionamentos, constrói confiança e cria oportunidades de forma ética e duradoura. Lembre-se de que a generosidade genuína e a preocupação pelo bem-estar dos outros são as bases dessa abordagem.

3. Estratégias de brindes e amostras grátis.

Estratégias de Brindes e Amostras Grátis:

Oferecer brindes e amostras grátis é uma estratégia eficaz para aplicar o princípio da reciprocidade no marketing e atrair clientes. Aqui estão algumas estratégias para implementar essa tática de maneira eficaz:

1. Segmentação do Público-Alvo: Identifique seu público-alvo e seus interesses para oferecer brindes ou amostras que sejam relevantes para eles. Isso aumenta a probabilidade de os clientes apreciarem o gesto.

2. Promoções Especiais: Associe a distribuição de brindes ou amostras grátis a promoções especiais, como um desconto na primeira compra ou uma oferta exclusiva. Isso cria um senso de valor adicional.

3. Programas de Fidelidade: Crie programas de fidelidade que recompensem os clientes com brindes ou amostras grátis após um número específico de compras ou pontos acumulados.

4. Eventos e Feiras Comerciais: Distribua brindes e amostras em eventos, feiras comerciais e exposições relacionadas ao seu setor. Isso atrai

potenciais clientes interessados em seu produto ou serviço.

5. Incorporação em Compras: Inclua brindes ou amostras grátis com compras de alto valor ou assinaturas de serviços, incentivando os clientes a escolherem pacotes mais abrangentes.

6. Programas de Indicação: Recompense os clientes que indicarem novos clientes com brindes ou amostras grátis. Isso motiva os clientes atuais a promoverem sua marca.

7. Amostras Personalizadas: Ofereça amostras personalizadas com base nas preferências do cliente, demonstrando que você valoriza suas escolhas individuais.

Uso Comum em Marketing:

A distribuição de brindes e amostras grátis é uma tática de marketing amplamente utilizada para atrair clientes e fidelizá-los. Aqui estão algumas maneiras comuns de aplicar essa estratégia:

1. Amostras de Produtos: Muitas empresas oferecem amostras grátis de seus produtos para permitir que os clientes experimentem antes de

comprar. Isso é comum em setores como beleza, alimentos e bebidas.

2. Brindes Promocionais: Empresas frequentemente distribuem brindes personalizados, como canetas, camisetas, bonés e itens relacionados à marca em eventos, feiras e promoções.

3. Programas de Assinatura: Algumas empresas de assinatura oferecem um período gratuito de teste, permitindo que os clientes experimentem seus serviços antes de se comprometerem.

4. Brindes de Aniversário: Programas de fidelidade podem presentear os clientes com brindes em seus aniversários, mostrando apreço pela lealdade.

Exemplos de Empresas de Sucesso:

1. Sephora: A Sephora é conhecida por oferecer amostras grátis de produtos de beleza, permitindo que os clientes experimentem diferentes marcas antes de comprar. Isso ajuda a fidelizar os clientes e incentiva compras futuras.

2. Amazon Prime: A Amazon oferece um período de teste gratuito do Amazon Prime, que inclui

benefícios como envio rápido e acesso a serviços de streaming. Isso atrai novos clientes e os incentiva a se tornarem assinantes pagantes.

3. Starbucks: O programa de recompensas da Starbucks oferece brindes como bebidas gratuitas no aniversário dos clientes, incentivando a fidelidade e as visitas regulares.

Esses exemplos ilustram como a distribuição estratégica de brindes e amostras grátis pode atrair clientes, criar lealdade à marca e estimular o crescimento dos negócios. No entanto, é importante garantir que os brindes e amostras estejam alinhados com a marca e atendam às necessidades e interesses do público-alvo.

4. Construindo relacionamentos duradouros.

Construindo Relacionamentos Duradouros com o Princípio da Reciprocidade:

Construir relacionamentos duradouros com base no princípio da reciprocidade é fundamental tanto para parcerias profissionais quanto para amizades pessoais. Esses relacionamentos são caracterizados pela troca contínua de apoio, confiança e valor mútuo. Aqui estão algumas dicas sobre como construir e nutrir esses relacionamentos ao longo do tempo:

1. Comece com Generosidade: Inicie o relacionamento sendo generoso. Ofereça ajuda, compartilhe informações valiosas e esteja disposto a contribuir sem expectativas imediatas de retorno.

2. Seja Autêntico: Seja você mesmo e mostre autenticidade em suas interações. A autenticidade cria conexões mais profundas e genuínas.

3. Comunique-se Regularmente: Mantenha uma comunicação regular, mesmo que seja apenas para verificar como a outra pessoa está. Um simples gesto de atenção pode fortalecer um relacionamento.

4. Escute Atentamente: Esteja disposto a ouvir atentamente os outros. Mostre interesse genuíno em suas histórias, preocupações e conquistas.

5. Ofereça Apoio em Momentos de Necessidade: Esteja presente quando os outros precisarem de apoio. Seja empático e ofereça ajuda prática, se possível.

6. Cumpra suas Promessas: Cumpra suas promessas e compromissos. Isso constrói confiança e credibilidade ao longo do tempo.

7. Reconheça e Aprecie: Reconheça os esforços e contribuições da outra pessoa. Agradecer e mostrar apreço são formas poderosas de nutrir um relacionamento.

8. Mostre Interesse em Seus Objetivos: Esteja interessado nos objetivos e aspirações da outra pessoa. Ofereça seu apoio para ajudá-la a alcançá-los.

9. Esteja Disposto a Ceder: Em situações de conflito, esteja disposto a ceder e encontrar soluções que beneficiem ambas as partes. Isso demonstra maturidade e comprometimento com o relacionamento.

10. Cresça Juntos: Busque oportunidades para crescer e aprender juntos. Participem de projetos

conjuntos, cursos ou experiências que fortaleçam o relacionamento.

11. Seja Paciente: Relacionamentos duradouros podem levar tempo para se desenvolver plenamente. Seja paciente e esteja disposto a investir na construção do relacionamento ao longo do tempo.

12. Mantenha a Consistência: A consistência nas interações é fundamental para manter relacionamentos duradouros. Mantenha a conexão mesmo quando a vida estiver ocupada.

Reciprocidade como Base para Parcerias e Amizades:

A reciprocidade é a cola que mantém relacionamentos duradouros unidos. Quando ambas as partes estão dispostas a dar e receber de forma equilibrada, o relacionamento prospera. Isso se aplica tanto a parcerias profissionais quanto a amizades pessoais.

Em parcerias profissionais, a reciprocidade pode levar a colaborações bem-sucedidas, compartilhamento de recursos e crescimento conjunto. Em amizades pessoais, a reciprocidade cria laços profundos de confiança e apoio mútuo.

Lembre-se de que a reciprocidade não deve ser vista como uma transação comercial, mas como um ato de generosidade e consideração. Quando ambos os lados estão dispostos a dar sem esperar algo em troca imediatamente, os relacionamentos se fortalecem naturalmente ao longo do tempo.

5. Casos de sucesso com a reciprocidade.

Casos de Sucesso com o Princípio da Reciprocidade:

1. TOMS Shoes: A TOMS é conhecida por seu modelo "One for One". Por cada par de sapatos vendido, a empresa doa um par de sapatos para uma criança necessitada. Essa iniciativa exemplifica a reciprocidade, pois a empresa dá antes de receber. Isso resultou em um forte apoio de clientes que se sentem bem ao comprar produtos da TOMS, sabendo que estão contribuindo para uma causa nobre. Além disso, a empresa expandiu seu modelo de negócios para doar óculos de sol e serviços de saúde ocular.

2. LinkedIn: A plataforma LinkedIn é um exemplo de sucesso na aplicação da reciprocidade no ambiente digital. A empresa oferece uma variedade de recursos gratuitos, como a possibilidade de se conectar com profissionais e acessar informações relevantes. Os usuários são encorajados a compartilhar seu conhecimento e experiência por meio de posts e artigos. Essa abordagem gera engajamento e lealdade dos usuários, que estão dispostos a investir tempo e dinheiro em recursos premium, como o LinkedIn Premium e o LinkedIn Learning.

3. Dropbox: O Dropbox, um serviço de armazenamento em nuvem, adotou uma estratégia inteligente para incentivar a reciprocidade. A empresa ofereceu espaço de armazenamento adicional gratuito para usuários que indicassem o serviço a amigos. Isso levou a um rápido crescimento da base de usuários, pois as pessoas estavam dispostas a compartilhar o serviço em troca de benefícios adicionais.

4. Ben & Jerry's: A empresa de sorvetes Ben & Jerry's é conhecida por seu compromisso com a responsabilidade social. Eles não apenas produzem sorvetes deliciosos, mas também

apoiam causas sociais e ambientais. Uma das estratégias de reciprocidade da Ben & Jerry's é sediar o "Free Cone Day" anualmente, durante o qual oferecem sorvetes gratuitos a todos os clientes como forma de agradecimento por seu apoio contínuo. Essa ação cria um forte senso de comunidade e fidelidade à marca.

5. Organizações Sem Fins Lucrativos: Muitas organizações sem fins lucrativos dependem fortemente do princípio da reciprocidade para arrecadar fundos. Eles organizam eventos de angariação de fundos, oferecem reconhecimento público aos doadores e mostram o impacto direto das doações. Essa abordagem gera uma conexão emocional com os doadores, incentivando-os a contribuir regularmente.

Esses casos de sucesso ilustram como a reciprocidade pode ser aplicada em diversos setores e contextos, gerando benefícios tanto para as empresas como para as comunidades ou clientes. O princípio de dar antes de receber cria relacionamentos significativos, fideliza clientes e promove causas importantes. Ele demonstra que a reciprocidade é uma estratégia poderosa que vai além do lucro, moldando a maneira como as empresas e organizações interagem com o mundo ao seu redor.

Capítulo 5: Curiosidade e FOMO (Fear of Missing Out)

1. O papel da curiosidade nos gatilhos mentais.

O Papel da Curiosidade nos Gatilhos Mentais:

A curiosidade desempenha um papel fundamental nos gatilhos mentais, influenciando a tomada de decisões e o comportamento humano. Ela pode ser vista como uma motivação intrínseca que nos impulsiona a aprender, explorar e descobrir. Aqui está como a curiosidade desempenha esse papel:

1. Motivação Intrínseca: A curiosidade é uma forma de motivação intrínseca, o que significa que é uma motivação que vem de dentro, não de recompensas externas. Quando estamos curiosos sobre algo, nos sentimos compelidos a investigar e descobrir mais, independentemente de qualquer recompensa tangível.

2. Estímulo à Aprendizagem: A curiosidade é um dos motores da aprendizagem. Quando estamos curiosos, estamos mais dispostos a buscar informações, explorar novos tópicos e assimilar

conhecimento. Isso é especialmente relevante em contextos educacionais e de desenvolvimento pessoal.

3. Tomada de Decisão: A curiosidade pode influenciar nossas decisões. Por exemplo, ao fazer uma escolha entre produtos ou serviços, a curiosidade sobre os recursos ou benefícios oferecidos por cada opção pode afetar nossa decisão final.

4. Exploração de Novos Territórios: A curiosidade nos impulsiona a explorar o desconhecido. Isso é essencial na descoberta de novas oportunidades, no desenvolvimento de inovações e na resolução de problemas complexos.

5. Engajamento e Entretenimento: A curiosidade também é fundamental para o entretenimento e o engajamento. Histórias intrigantes, enigmas e desafios despertam nossa curiosidade e nos mantêm envolvidos.

Despertando e Usando a Curiosidade Estrategicamente:

A curiosidade pode ser despertada e usada de maneira estratégica em várias situações:

1. Narrativas Cativantes: Contar histórias que envolvam mistérios, reviravoltas inesperadas ou perguntas não respondidas é uma forma eficaz de despertar a curiosidade do público.

2. Perguntas Instigantes: Fazer perguntas abertas que incentivem as pessoas a pensar e buscar respostas é uma maneira direta de despertar a curiosidade.

3. Experiências Interativas: Criar experiências interativas, como jogos, desafios ou experimentos, que requeiram exploração e descoberta pode estimular a curiosidade.

4. Informações Incompletas: Apresentar informações incompletas ou intrigantes pode deixar as pessoas curiosas e ansiosas por mais detalhes.

5. Solução de Problemas: Desafios que exigem solução de problemas e pensamento criativo muitas vezes despertam a curiosidade, pois as pessoas querem encontrar uma resposta.

A curiosidade é uma força motivadora poderosa que pode influenciar positivamente o comportamento humano. Compreender seu papel nos gatilhos mentais e aprender a utilizá-la estrategicamente pode ser valioso em uma variedade de contextos, desde o marketing até a educação e o desenvolvimento pessoal. A capacidade de despertar a curiosidade nas pessoas pode levar a um maior engajamento, aprendizado mais profundo e tomadas de decisão mais informadas.

2. Criando gatilhos de FOMO em marketing.

Criando Gatilhos de FOMO (Fear of Missing Out) em Marketing:

O "Fear of Missing Out" (FOMO) é uma poderosa ferramenta de marketing que explora a ansiedade que as pessoas sentem ao pensar que estão perdendo algo importante. Esse sentimento de exclusão pode ser usado de maneira eficaz em campanhas de marketing para impulsionar o envolvimento, conversões e vendas. Aqui estão estratégias eficazes para criar gatilhos de FOMO:

1. Exclusividade:

- Acesso Antecipado: Ofereça acesso antecipado a produtos, serviços ou conteúdo exclusivo para um grupo seleto de clientes. Isso faz com que eles se sintam privilegiados e incentiva outros a desejarem o mesmo tratamento especial.

- Convites Restritos: Utilize convites ou acesso restrito, onde os interessados precisam ser convidados para participar. Isso cria uma sensação de pertencimento a um grupo exclusivo.

- Programas de Membros: Crie programas de membros ou clubes VIP com benefícios exclusivos, como descontos especiais, conteúdo premium ou eventos reservados.

2. Escassez:

- Estoque Limitado: Informe que o estoque é limitado, sugerindo que a oferta pode acabar em breve. Frases como "Apenas X unidades disponíveis" aumentam a sensação de escassez.

- Ofertas por Tempo Limitado: Destaque que uma promoção ou oferta é válida por um período curto. Isso pressiona os clientes a agirem rapidamente antes que a oportunidade desapareça.

- Contagem Regressiva: Use contagens regressivas para mostrar quanto tempo resta para aproveitar uma oferta ou evento exclusivo. Isso cria um senso de urgência.

3. Prova Social:

- Depoimentos e Avaliações: Mostre depoimentos e avaliações positivas de clientes que aproveitaram a oportunidade. Isso valida a decisão de outras pessoas de participar.

- Compartilhamento nas Redes Sociais: Encoraje os clientes a compartilhar suas experiências nas redes sociais, criando uma sensação de pertencimento à comunidade e mostrando que estão aproveitando.

- Participação em Massa: Destaque o número de pessoas que já aderiram à oferta ou evento. Isso cria uma pressão social sutil para que outros também participem.

4. Prazos Limitados:

- Ofertas Diárias: Apresente ofertas diárias ou relâmpago que mudam regularmente, incentivando os clientes a voltarem para verificar as novidades.

- Descontos Relâmpago: Ofereça descontos ou promoções relâmpago que duram apenas algumas horas, incentivando os clientes a agir imediatamente.

- Eventos Únicos: Anuncie eventos únicos, como lançamentos, vendas sazonais ou webinars exclusivos, que só acontecem em datas específicas.

Ao criar gatilhos de FOMO, é importante ser transparente e autêntico. Não exagere nas táticas de escassez ou exclusividade, pois isso pode prejudicar a confiança do cliente. O objetivo é criar uma sensação legítima de oportunidade e empolgação, incentivando os clientes a agirem, mas sem recorrer a táticas enganosas. Quando usado com ética, o FOMO pode ser uma ferramenta poderosa para impulsionar o sucesso de campanhas de marketing.

3. Estratégias de teasers e pré-lançamentos.

Estratégias de Teasers e Pré-Lançamentos:

Os teasers e pré-lançamentos são estratégias poderosas para aumentar a curiosidade do público e gerar expectativa em torno de produtos, eventos ou lançamentos. Eles criam um senso de mistério e antecipação que pode ser altamente eficaz em marketing. Aqui estão algumas estratégias e dicas para usar teasers e pré-lançamentos de maneira eficaz:

1. Contagem Regressiva:

- Crie uma contagem regressiva para o lançamento, evento ou data de disponibilidade do produto. Isso cria um senso de urgência e antecipação.

2. Dicas Enigmáticas:

- Divulgue dicas ou pistas enigmáticas sobre o que está por vir. Isso deixa o público curioso e os incentiva a tentar adivinhar o que será revelado.

3. Imagens e Vídeos Teaser:

- Compartilhe imagens ou vídeos que mostrem apenas uma parte do produto ou evento. Não revele tudo de uma vez; em vez disso, insinue o que está por vir.

4. Sessões de Perguntas e Respostas (Q&A):

- Organize sessões de Q&A ao vivo nas redes sociais ou em seu site, onde os participantes podem fazer perguntas sobre o lançamento. Responda com informações intrigantes, mas mantenha segredos para o grande dia.

5. "Behind-the-Scenes" (Por Trás das Cenas):

- Mostre o processo de criação ou preparação por trás do lançamento. Isso dá ao público uma visão exclusiva e cria empatia com a marca.

6. Histórias e Narrativas:

- Crie uma narrativa envolvente que conduza ao lançamento. Conte uma história que aumente o interesse e a identificação do público.

7. Exclusividade para Inscritos:

- Ofereça acesso exclusivo a informações ou produtos para pessoas que se inscrevem em sua lista de e-mails ou seguem suas redes sociais. Isso incentiva o público a se envolver mais com sua marca.

Exemplos de Empresas:

1. Apple: A Apple é conhecida por suas campanhas de pré-lançamento altamente secretas e teasers intrigantes antes dos lançamentos de novos produtos, como iPhones e iPads. Eles revelam detalhes em etapas, mantendo o público em suspense.

2. Marvel Studios: A Marvel gera grande antecipação em torno de seus filmes de super-heróis por meio de teasers e trailers que oferecem apenas vislumbres das histórias e personagens.

3. Tesla: A Tesla usa teasers e pré-lançamentos para gerar interesse em seus novos veículos elétricos. Eles revelam informações gradualmente, mantendo os entusiastas engajados e curiosos.

Dicas para Criar Teasers Eficazes:

- Mantenha um equilíbrio entre revelar o suficiente para criar interesse e manter a curiosidade do público.
- Use linguagem e imagens sugestivas que deixem espaço para interpretação.
- Mantenha a coerência com a identidade de sua marca e a mensagem que deseja transmitir.
- Aproveite as redes sociais e o marketing de conteúdo para amplificar seus teasers.
- Interaja com o público nas redes sociais, respondendo a perguntas e comentários para manter o envolvimento.

Lembre-se de que o objetivo principal dos teasers e pré-lançamentos é criar uma experiência envolvente para o público e gerar entusiasmo genuíno em torno do que está por vir. Quanto mais intrigantes e bem executados forem, mais impacto terão em sua estratégia de marketing.

4. Como manter o interesse do público.

Como Manter o Interesse do Público:

Manter o interesse do público é tão importante quanto despertá-lo inicialmente, especialmente quando se trata de construir relacionamentos duradouros e maximizar o valor de seus esforços de marketing. Aqui estão algumas considerações sobre a importância de manter o interesse e estratégias para fazê-lo:

1. Importância de Manter o Interesse:

- Construção de Relacionamentos Duradouros: Manter o interesse do público é essencial para construir relacionamentos duradouros. Isso cria fidelidade à marca e pode levar a vendas repetidas ou apoio contínuo.

- Maximização de Valor: Ao manter o interesse do público, você pode extrair mais valor de cada cliente ou seguidor. Clientes satisfeitos são mais propensos a comprar novamente ou a investir em produtos ou serviços adicionais.

- Geração de Advocacia: Pessoas que permanecem interessadas em sua marca ou conteúdo têm maior probabilidade de se tornarem defensores e promotores, compartilhando suas experiências com outras pessoas.

2. Estratégias para Manter o Interesse:

- Entrega Consistente de Valor: Continue a oferecer conteúdo, produtos ou serviços que agreguem valor à vida de seu público. Certifique-se de que suas ofertas atendam às necessidades em evolução do público.

- Comunicação Contínua: Mantenha uma comunicação regular e relevante com seu público por meio de boletins informativos, redes sociais, blogs ou outras plataformas. Esteja presente e envolvente.

- Personalização: Use dados e análises para personalizar a experiência do cliente. Isso pode incluir recomendações personalizadas, ofertas especiais ou conteúdo direcionado.

- Feedback e Envolvimento: Peça feedback e envolva seu público em decisões importantes. Isso os faz sentir que têm voz e influência em sua marca.

- Conteúdo de Alta Qualidade: Continue a criar conteúdo de alta qualidade que seja informativo, envolvente e relevante para seu público. Mantenha-se atualizado com as tendências em seu setor.

- Programas de Fidelidade: Crie programas de fidelidade que recompensem os clientes fiéis. Isso incentiva a repetição de negócios.

- Eventos e Comunidades: Organize eventos, webinars ou crie comunidades online onde seu público possa se reunir, compartilhar experiências e aprender mais.

3. Surpreenda e Inove: Mantenha o interesse do público surpreendendo-o de tempos em tempos. Isso pode envolver o lançamento de novos produtos, serviços ou iniciativas inovadoras que causem um impacto positivo.

4. Aprendizado Contínuo: Esteja disposto a aprender com seu público. Entenda suas

mudanças de necessidades e desejos e adapte suas estratégias de acordo.

5. Gerenciamento de Crises: Em situações de crises ou problemas, lide com eles de forma transparente e eficaz. Isso pode demonstrar responsabilidade e preocupação com o público.

6. Coerência na Mensagem e Valores: Mantenha a coerência em sua mensagem e valores ao longo do tempo. Isso fortalece a identidade de sua marca e a confiança do público.

7. Feedback Contínuo: Esteja aberto ao feedback contínuo do público e faça melhorias com base nesse feedback. Isso mostra que você valoriza suas opiniões.

8. Acesso Antecipado e Exclusividade: Continue a oferecer acesso antecipado e exclusividade a produtos ou conteúdo para recompensar a lealdade do público.

Lembre-se de que manter o interesse do público é um esforço constante que exige dedicação e cuidado. O público muda com o tempo, e suas estratégias precisam se adaptar a essas mudanças. A chave é construir uma relação de confiança e valor mútuo que beneficie tanto sua marca quanto seu público.

5. Estudos de caso com o uso de curiosidade.

Estudos de Caso com o Uso de Curiosidade:

1. Airbnb - "A Noite no Museu": A Airbnb lançou uma campanha em parceria com o Museu do Louvre em Paris, oferecendo uma noite única para um sortudo vencedor: a oportunidade de dormir no museu. O conceito explorou a curiosidade de muitas pessoas sobre o que acontece nos bastidores do famoso museu à noite. O vencedor teve a chance de passar a noite em um espaço especial, cercado por obras-primas e teve uma experiência única. Essa campanha gerou um grande buzz nas redes sociais, destacando como a curiosidade pode ser usada para envolver o público.

2. Mystery Science Theater 3000 - Kickstarter: A série cult "Mystery Science Theater 3000" arrecadou mais de US$ 6 milhões em uma campanha de financiamento coletivo no Kickstarter

para criar novos episódios. A série é conhecida por sua premissa única de pessoas assistindo a filmes ruins e fazendo comentários sarcásticos durante a exibição. A campanha explorou a curiosidade dos fãs sobre o que aconteceria se a série voltasse à vida, e ofereceu recompensas intrigantes, como participar de episódios ao vivo. Isso demonstra como a curiosidade pode impulsionar o financiamento coletivo e reacender o interesse em uma propriedade intelectual.

3. Burger King - "O Whopper em Branco": O Burger King lançou uma campanha onde pediu a seus clientes para confiar na marca e pedir um "Whopper em branco", ou seja, sem saber o que estava no hambúrguer. Essa campanha apelou para a curiosidade das pessoas e a ideia de que elas estavam prestes a descobrir algo novo e único. A campanha foi um sucesso nas redes sociais, destacando como a curiosidade pode ser usada para envolver o público em uma experiência de marca.

4. National Geographic - "Genius": A National Geographic lançou uma série chamada "Genius", que explorou a vida de figuras históricas como Albert Einstein e Pablo Picasso. A campanha de marketing explorou a curiosidade das pessoas

sobre a vida e a mente dessas personalidades icônicas. Eles lançaram teasers intrigantes e compartilharam conteúdo nos bastidores para manter o público curioso e envolvido. Isso exemplifica como a curiosidade pode ser usada para promover programas de TV e conteúdo educacional.

5. The New York Times - "The Truth Is Worth It": Esta campanha de marketing do The New York Times destacou a importância do jornalismo de qualidade e explorou a curiosidade das pessoas sobre como as notícias são investigadas e relatadas. A série de anúncios mostrou o processo de reportagem e os desafios enfrentados pelos jornalistas para descobrir a verdade. A campanha enfatizou que "a verdade vale a pena" e recebeu reconhecimento por sua abordagem envolvente e informativa.

Esses estudos de caso ilustram como a curiosidade pode ser uma ferramenta poderosa em campanhas de marketing e projetos criativos. Ao explorar o desejo humano natural de descobrir, essas campanhas conseguiram envolver o público e gerar interesse genuíno. A curiosidade pode ser aplicada de maneira eficaz em uma variedade de contextos e indústrias, desde o turismo até o jornalismo e o entretenimento.

Capítulo 6: Emoções e Conexão Humana

1. A influência das emoções nos gatilhos mentais.

A Influência das Emoções nos Gatilhos Mentais:

As emoções desempenham um papel fundamental nos gatilhos mentais e no comportamento humano. Elas são poderosos impulsionadores de decisões e ações, e as empresas frequentemente usam estratégias emocionais para influenciar as percepções e escolhas dos consumidores. Aqui está uma exploração mais profunda desse tema:

1. A Natureza Emocional da Tomada de Decisões:

- Muitas decisões humanas são tomadas com base em emoções, e não apenas em lógica. As emoções influenciam nossos julgamentos, preferências e ações de maneira significativa.

- A psicologia por trás disso se deve em parte ao fato de que as emoções fornecem uma forma rápida de avaliar informações e tomar decisões. Em situações de risco, por exemplo, a ansiedade ou o medo podem sinalizar perigo e motivar ações rápidas.

2. Gatilhos Mentais Baseados em Emoções:

- Vários gatilhos mentais exploram as emoções para influenciar o comportamento. Alguns exemplos incluem a escassez (cria ansiedade de perder), a reciprocidade (gera sentimentos de gratidão) e a autoridade (inspira confiança).

- A curiosidade, mencionada anteriormente, também é um gatilho mental que funciona por meio da emoção. A sensação de querer descobrir algo novo e intrigante é motivada pela curiosidade.

3. Exemplos do Uso de Emoções em Marketing:

- Coca-Cola - Campanha de Natal: A Coca-Cola é conhecida por suas emocionais campanhas de Natal. Seus anúncios frequentemente retratam momentos de união familiar e amizade, criando uma associação emocional com sua marca.

- Nike - "Just Do It": A Nike usa frequentemente mensagens motivacionais e emocionais em sua publicidade. A frase "Just Do It" evoca sentimentos de coragem e determinação, associando essas emoções com seus produtos.

- Campanhas de Caridade - Explorando Empatia: Organizações de caridade muitas vezes apelam para as emoções do público ao mostrar imagens de pessoas em situações difíceis. Isso gera empatia e motiva as pessoas a contribuírem para causas nobres.

- Comerciais de Carros - Euforia e Liberdade: Muitos anúncios de carros enfatizam a emoção de dirigir e a sensação de liberdade que isso traz. Isso cria uma ligação emocional com a ideia de possuir um determinado veículo.

4. Gerenciamento de Emoções no Marketing:

- As empresas precisam ser sensíveis ao uso de emoções em suas campanhas, pois podem afetar tanto positivamente quanto negativamente a percepção do público.

- O gerenciamento de emoções envolve entender as emoções dos consumidores, reconhecer as emoções associadas à marca e garantir que as mensagens e ações estejam alinhadas com a imagem emocional desejada.

- É importante lembrar que as emoções evocadas devem ser autênticas e relevantes para a marca e o produto, pois o uso inadequado de emoções pode prejudicar a credibilidade.

As emoções desempenham um papel central nos gatilhos mentais e no marketing. Ao entender como as emoções influenciam o comportamento humano e usar estratégias emocionais de maneira ética e autêntica, as empresas podem criar conexões mais profundas com seu público e influenciar positivamente as percepções e escolhas dos consumidores.

2. Identificando as emoções do seu público-alvo.

Identificando as Emoções do Seu Público-Alvo:

Entender as emoções predominantes do seu público-alvo é fundamental para criar estratégias de marketing e comunicação eficazes. Aqui estão algumas orientações sobre como identificar essas emoções:

1. Pesquisa de Mercado:

- Realize pesquisas de mercado para obter insights sobre as emoções do seu público. Perguntas abertas que pedem aos participantes que descrevam como se sentem em relação ao seu produto ou serviço podem revelar emoções subjacentes.

- Use pesquisas de satisfação e feedback do cliente para identificar as emoções associadas à experiência com sua marca. Analise os comentários e respostas emocionais.

2. Análise de Mídias Sociais:

- Monitore as conversas nas redes sociais relacionadas à sua marca, produtos ou setor. As pessoas frequentemente compartilham emoções, elogios e críticas nas mídias sociais.

- Use ferramentas de análise de mídias sociais para identificar palavras-chave e hashtags relacionadas a emoções específicas. Isso pode ajudar a compreender como seu público se sente em relação ao seu negócio.

3. Entrevistas e Entrevistas em Profundidade:

- Realize entrevistas com clientes ou membros do público-alvo para obter uma compreensão mais profunda de suas emoções. Pergunte sobre suas experiências, desafios e aspirações e esteja atento às respostas emocionais.

- As entrevistas em profundidade permitem que você mergulhe mais fundo nas emoções, explorando histórias pessoais e narrativas que revelam sentimentos.

4. Análise de Dados Comportamentais:

- Analise os dados comportamentais dos clientes, como padrões de compra, taxas de retenção e engajamento. Esses dados podem fornecer pistas sobre as emoções que motivam suas decisões.

- Identifique momentos de alta e baixa emoção ao longo do ciclo do cliente para entender como as emoções afetam as interações com sua marca.

5. Avaliação da Concorrência:

- Analise como sua concorrência se comunica e como os clientes reagem emocionalmente a ela.

Isso pode ajudar a identificar oportunidades para se destacar emocionalmente.

- Observe quais emoções seus concorrentes estão explorando e considere se você deseja seguir o mesmo caminho ou adotar uma abordagem diferente.

A Importância de Compreender as Emoções Específicas:

Compreender as emoções específicas que motivam as decisões de compra ou engajamento é vital por várias razões:

1. Personalização: Permite que você personalize suas mensagens e ofertas de acordo com as necessidades emocionais do público-alvo.

2. Conexão Emocional: Ajuda a construir uma conexão emocional mais profunda com os clientes, o que pode levar a relacionamentos mais duradouros.

3. Mensagens Efetivas: Permite que você crie mensagens de marketing mais eficazes, pois pode tocar nas emoções certas que motivam a ação.

4. Resolução de Problemas: Ajuda a identificar problemas ou desafios específicos que seus clientes estão enfrentando, permitindo que você adapte seus produtos ou serviços para atendê-los.

Métodos de Pesquisa e Análise:

- Use software de análise de sentimentos para examinar comentários e avaliações online em busca de emoções positivas ou negativas.

- Realize grupos focais para ouvir as opiniões e emoções de um grupo de pessoas ao mesmo tempo.

- Crie pesquisas que incluam escalas de avaliação emocional para medir o nível de emoção associado a determinados tópicos ou produtos.

- Utilize ferramentas de análise de dados para identificar tendências emocionais em grandes conjuntos de dados.

Lembrando que as emoções podem variar de pessoa para pessoa e de cultura para cultura, é importante considerar a diversidade do seu público ao analisar e usar essas informações emocionais em suas estratégias de marketing e comunicação.

3. Narrativa e storytelling como ferramentas emocionais.

Narrativa e Storytelling como Ferramentas Emocionais:

Narrativa e storytelling são poderosas ferramentas para evocar emoções e criar conexões emocionais profundas com o público. Aqui estão alguns pontos-chave sobre como eles funcionam:

1. Evocando Emoções:

- As histórias têm o poder de transmitir emoções de maneira vívida e memorável. Ao apresentar personagens, situações e conflitos, as narrativas permitem que o público se identifique com as experiências dos personagens, despertando emoções como empatia, alegria, tristeza, raiva, surpresa, entre outras.

2. Conexões Emocionais:

- As histórias podem criar conexões emocionais duradouras, porque o público se sente investido nas trajetórias dos personagens e nas reviravoltas da trama. Isso ajuda a construir relacionamentos mais profundos com a marca ou mensagem que está sendo comunicada.

3. Exemplos de Storytelling Efetivo em Marketing e Comunicação:

- Dove - Campanha "Real Beleza": A Dove usou histórias de mulheres reais e suas jornadas de autoaceitação para promover sua linha de produtos de beleza. Essas histórias evocaram empatia e ressoaram com o público, gerando uma conexão emocional e uma mensagem positiva sobre a beleza real.

- Apple - Comerciais de Natal: A Apple é conhecida por seus comerciais emocionais de Natal que contam histórias de famílias que se unem durante a temporada festiva. Esses comerciais evocam emoções de calor, amor e união, associando esses sentimentos à marca Apple.

- Google - "Loretta": O comercial do Google durante o Super Bowl 2020 contou a história de um homem idoso que usava o Google Assistant para lembrar de sua falecida esposa. A história foi comovente e evocou profunda empatia, mostrando como a tecnologia pode ter um impacto emocional significativo.

4. Dicas para Construir Narrativas Impactantes:

- Identifique o Público-Alvo: Conheça seu público-alvo e suas emoções predominantes para adaptar sua narrativa a eles.

- Desenvolva Personagens Cativantes: Crie personagens autênticos e complexos que o público possa se identificar.

- Conflito e Resolução: Toda boa história tem um conflito e uma resolução. Isso mantém o público envolvido.

- Seja Autêntico: Conte histórias autênticas que se relacionem com os valores e a missão da sua marca.

- Use Elementos Visuais e Auditivos: Elementos visuais e auditivos, como imagens, música e voz, podem amplificar a emoção em uma narrativa.

- Simplicidade: Mantenha a narrativa simples e focada. Evite distrações que possam diluir a emoção.

- Tome o Tempo Adequado: Não tenha pressa para contar sua história. Permita que o público se envolva com os personagens e a trama.

- Chamada à Ação: No final da história, forneça uma chamada à ação que capitalize na emoção gerada pela narrativa.

A narrativa e o storytelling são ferramentas poderosas para evocar emoções e criar conexões emocionais com o público. Ao contar histórias autênticas e cativantes que ressoam com os valores e aspirações do seu público, você pode envolvê-los de maneira mais profunda e eficaz.

4. Campanhas publicitárias emocionais bem-sucedidas.

Campanhas Publicitárias Emocionais Bem-Sucedidas:

1. Nike - "Dream Crazy" (2018): Este comercial apresentou Colin Kaepernick e outros atletas,

celebrando a luta por justiça social e a busca de sonhos. A campanha evocou emoções de coragem e determinação ao abordar questões sociais importantes. Resultado: A Nike registrou aumento nas vendas e uma onda de apoio nas redes sociais, mesmo enfrentando alguma controvérsia.

2. Google - "Dear Sophie" (2011): Este comercial emocionante da Google mostrou um pai criando uma conta de e-mail para sua filha desde o nascimento até a infância. A história evocou sentimentos de nostalgia e amor. Resultado: O comercial foi altamente elogiado por sua emotividade e contribuiu para uma imagem positiva da marca Google.

3. Always - "Like a Girl" (2014): Esta campanha desafiou estereótipos de gênero, pedindo às pessoas para fazerem atividades "como uma garota". A mensagem era empoderadora e inspiradora, promovendo a autoestima das meninas. Resultado: A campanha se tornou viral e aumentou a conscientização sobre questões de gênero, gerando uma resposta positiva nas redes sociais.

4. Coca-Cola - "Hilltop" (1971): Este comercial icônico apresentou pessoas de todo o mundo

cantando "I'd Like to Buy the World a Coke". A mensagem era de paz e união global. Resultado: A campanha foi um sucesso e se tornou uma das propagandas mais famosas da história, solidificando a Coca-Cola como uma marca associada à felicidade e harmonia.

5. Budweiser - "Puppy Love" (2014): Este anúncio do Super Bowl mostrou a amizade entre um filhote de cachorro e um cavalo de clydesdale. A história tocou o público com emoções de amor e conexão. Resultado: O comercial foi amplamente elogiado e ajudou a Budweiser a ganhar uma exposição significativa durante o Super Bowl.

6. Dove - "Real Beauty Sketches" (2013): A Dove lançou um experimento social no qual mulheres descreviam a si mesmas para um retratista e, em seguida, outra pessoa as descrevia. A campanha destacou a autoimagem das mulheres e evocou emoções de autoestima e aceitação. Resultado: O vídeo se tornou viral e gerou conversas sobre a beleza real, resultando em uma imagem positiva para a marca Dove.

Essas campanhas publicitárias são exemplos notáveis de como o uso eficaz das emoções pode gerar impacto e engajamento com o público. Elas abordaram temas relevantes, contaram histórias autênticas e evocaram uma resposta emocional autêntica, o que resultou em reconhecimento, apoio nas redes sociais e, em muitos casos, aumento nas vendas e na imagem de marca.

5. Construindo conexões genuínas com os clientes.

Construindo Conexões Genuínas com os Clientes:

Construir conexões genuínas com os clientes por meio do entendimento e utilização das emoções é essencial para o sucesso a longo prazo de qualquer empresa. Aqui estão estratégias e exemplos para estabelecer relacionamentos duradouros e leais baseados na conexão emocional:

1. Ouça Ativamente:

- Demonstre interesse genuíno em entender as preocupações, necessidades e desejos dos seus clientes. Isso pode ser feito por meio de pesquisas, feedback direto e monitoramento das redes sociais.

Exemplo: A Zappos, uma varejista online de calçados, é conhecida por seu excepcional atendimento ao cliente, que começa com a prática de ouvir ativamente. Eles se esforçam para compreender as emoções e necessidades dos clientes em cada interação.

2. Mostre Empatia:

- Coloque-se no lugar do cliente e compreenda suas perspectivas emocionais. Responda com empatia quando os clientes enfrentarem desafios ou frustrações.

Exemplo: A Southwest Airlines é frequentemente elogiada por sua empatia em situações difíceis, como acomodar passageiros afetados por atrasos ou cancelamentos de voos, demonstrando cuidado genuíno.

3. Conte Histórias Autênticas:

- Compartilhe histórias que mostrem a missão, os valores e as pessoas por trás da sua marca. Histórias autênticas evocam emoções e conectam os clientes à sua empresa.

Exemplo: A TOMS, conhecida por sua filosofia "Um por Um", compartilha histórias de pessoas que se beneficiaram com suas doações de sapatos, criando uma conexão emocional com os consumidores.

4. Personalize as Interações:

- Use dados para personalizar as interações com os clientes. Mostre que você os conhece, entende suas preferências e está disposto a atender às suas necessidades individuais.

Exemplo: A Amazon é mestre em personalização, recomendando produtos com base no histórico de compras e no comportamento de navegação do cliente, criando uma experiência altamente relevante e emocional.

5. Reconheça e Agradeça:

- Reconheça e agradeça aos clientes pela sua lealdade. Pequenos gestos, como notas de agradecimento personalizadas, podem criar laços emocionais fortes.

Exemplo: A Starbucks tem um programa de fidelidade que recompensa os clientes com bebidas gratuitas e outros benefícios, mostrando gratidão pela sua escolha de café.

6. Comunique Valores Compartilhados:

- Comunique claramente os valores da sua empresa e como eles se alinham com os valores dos clientes. Isso cria uma conexão emocional baseada em valores compartilhados.

Exemplo: A Patagonia, uma marca de roupas outdoor, é conhecida por sua defesa do meio ambiente e comunica seus valores ambientais para atrair consumidores que compartilham essa preocupação.

7. Assuma a Responsabilidade:

- Se cometer erros, assuma a responsabilidade e faça o possível para corrigi-los. A honestidade e a disposição para corrigir problemas podem criar uma conexão emocional mais forte.

Exemplo: A Johnson & Johnson lidou com uma crise de relações públicas em 1982 quando alguns de seus produtos foram contaminados. A empresa assumiu total responsabilidade e recolheu todos os produtos afetados, reconstruindo a confiança dos consumidores.

Construir conexões genuínas com os clientes não se trata apenas de transações comerciais, mas de construir relacionamentos baseados em confiança, empatia e autenticidade. Empresas que adotam essas estratégias podem cultivar uma base de clientes leais que não apenas compram repetidamente, mas também defendem e promovem a marca.

Capítulo 7: Prova Social e Comportamento de Rebanho

1. Como a prova social afeta as decisões de compra.

Como a Prova Social Afeta as Decisões de Compra:

A prova social é um dos princípios psicológicos mais influentes que afetam as decisões de compra das pessoas. Ela se baseia na ideia de que, quando as pessoas estão incertas sobre qual ação tomar, elas tendem a olhar para os outros para orientação. Aqui estão detalhes sobre como a prova social influencia as decisões de compra:

1. Confiança na Experiência dos Outros:

- As pessoas naturalmente confiam nas experiências e opiniões de terceiros, como amigos, familiares, colegas e até mesmo desconhecidos, para tomar decisões informadas sobre produtos ou serviços.

Exemplo: Quando alguém está pensando em comprar um novo celular, é comum perguntar a amigos que já possuem o mesmo modelo sobre sua experiência e satisfação.

2. Validação Social:

- As pessoas buscam validação social, o que significa que desejam tomar decisões que são socialmente aceitáveis e aprovadas. Isso as leva a seguir o comportamento de outros como um guia para ação.

Exemplo: Em um restaurante lotado, as pessoas muitas vezes escolhem pratos populares ou recomendados por outros clientes, presumindo que esses pratos são de alta qualidade.

3. Redução de Risco:

- A prova social reduz o risco percebido de tomar uma decisão ruim. Se muitas outras pessoas tiveram experiências positivas, é mais provável que alguém se sinta seguro em seguir o mesmo caminho.

Exemplo: As avaliações de produtos e serviços em sites como Amazon e TripAdvisor oferecem aos compradores informações valiosas de outros consumidores para tomar decisões mais informadas.

4. Influência da Mídia Social:

- As redes sociais amplificaram a prova social, pois as pessoas agora podem compartilhar suas experiências e opiniões em uma escala global. As avaliações, comentários e compartilhamentos nas mídias sociais têm um grande impacto nas decisões de compra.

Exemplo: Influenciadores digitais frequentemente usam suas plataformas para recomendar produtos ou serviços, e os seguidores confiam em suas opiniões.

5. Estratégias de Marketing:

- As empresas utilizam a prova social em suas estratégias de marketing de diversas maneiras, incluindo depoimentos de clientes, avaliações de produtos, contagem de seguidores nas redes sociais e prêmios ou certificações.

Exemplo: Um site de e-commerce pode exibir avaliações de clientes junto com produtos para fornecer evidências sociais da qualidade do produto.

6. Efeito Bandwagon:

- O efeito "bandwagon" ocorre quando as pessoas seguem a multidão, assumindo que algo é bom ou certo simplesmente porque muitos outros estão fazendo. Isso é uma manifestação direta da prova social.

Exemplo: Durante uma venda, as pessoas podem comprar itens apenas porque outros estão comprando, criando um efeito de manada.

Em resumo, a prova social desempenha um papel fundamental nas decisões de compra, pois as pessoas confiam nas experiências e opiniões de terceiros para orientar suas escolhas. Compreender esse fenômeno é essencial para as empresas que desejam influenciar positivamente o comportamento do consumidor e construir a confiança em relação aos seus produtos e serviços.

2. Depoimentos e avaliações de clientes.

Depoimentos e Avaliações de Clientes como Formas Eficazes de Prova Social:

Depoimentos e avaliações de clientes são ferramentas altamente eficazes de prova social, pois oferecem evidências reais da satisfação do cliente e da qualidade de um produto ou serviço. Aqui está como eles funcionam e como utilizá-los eficazmente:

1. Evidência Tangível:

- Depoimentos e avaliações fornecem evidências tangíveis da experiência de outros clientes com o seu produto ou serviço. Eles mostram que pessoas reais tiveram resultados positivos.

2. Geração de Confiança:

- Quando os potenciais clientes veem depoimentos e avaliações positivas, isso gera confiança, pois eles se sentem mais seguros em relação à sua decisão de compra.

3. Redução da Incerteza:

- As avaliações e depoimentos ajudam a reduzir a incerteza que os compradores podem sentir ao considerar um produto ou serviço desconhecido. Isso é especialmente importante em compras on-line.

4. Apoio à Tomada de Decisão:

- As avaliações e depoimentos podem ajudar os compradores a tomar decisões mais informadas, permitindo que eles considerem a experiência de outros antes de fazer uma escolha.

Orientações para Coletar e Utilizar Depoimentos de Maneira Convincente:

1. Peça Feedback:

- Solicite feedback aos clientes satisfeitos e incentive-os a compartilhar suas experiências. Pergunte especificamente sobre aspectos que você deseja destacar, como qualidade, atendimento ao cliente ou facilidade de uso.

2. Seja Autêntico:

- Use depoimentos genuínos e reais. Evite criar ou editar depoimentos para que pareçam melhores do que são, pois a autenticidade é fundamental.

3. Diversidade de Experiências:

- Colete depoimentos de clientes com diferentes experiências e perspectivas. Isso ajuda a mostrar a versatilidade e a amplitude do seu produto ou serviço.

4. Exiba de Maneira Visível:

- Coloque depoimentos em locais estratégicos em seu site, página de produto ou materiais de marketing, onde os visitantes possam vê-los facilmente.

5. Inclua Detalhes Relevantes:

- Certifique-se de que os depoimentos incluam detalhes específicos sobre como o produto ou serviço ajudou o cliente, o que torna a história mais convincente.

6. Use Avaliações com Estrelas:

- Se aplicável, use sistemas de classificação com estrelas (por exemplo, de 1 a 5) para resumir as avaliações de clientes de forma rápida e visualmente atraente.

7. Responda às Avaliações:

- Mostre que você valoriza as opiniões dos clientes respondendo a avaliações, sejam elas positivas ou negativas. Isso demonstra transparência e preocupação com a satisfação do cliente.

8. Crie um Espaço para Depoimentos:

- Considere criar uma seção dedicada em seu site ou em uma plataforma de revisão de terceiros para depoimentos e avaliações de clientes.

Importância da Autenticidade e Transparência:

Manter a autenticidade é essencial ao usar depoimentos e avaliações. Falsificar ou editar depoimentos pode erodir a confiança dos clientes e prejudicar a reputação da marca. A transparência também é fundamental, especialmente ao lidar com avaliações negativas. Abordar críticas de maneira construtiva e transparente pode até melhorar a imagem da empresa.

Depoimentos e avaliações de clientes são ferramentas poderosas de prova social que influenciam positivamente as decisões de compra. Coletar, exibir e utilizar depoimentos de maneira autêntica e transparente ajuda a construir a confiança dos consumidores e a fortalecer a imagem da marca.

3. Casos de sucesso com influenciadores.

Casos de Sucesso com Influenciadores na Prova Social:

1. Daniel Wellington e Influenciadores no Instagram:

- A marca de relógios Daniel Wellington se destacou ao colaborar com influenciadores no Instagram. Eles forneceram aos influenciadores relógios elegantes para que eles compartilhassem fotos usando os produtos. O resultado foi um aumento significativo na visibilidade da marca e nas vendas.

2. Glossier e Parcerias com Blogueiras de Beleza:

- A Glossier, uma marca de cosméticos, colaborou com várias blogueiras de beleza influentes para revisar e promover seus produtos. As blogueiras compartilharam avaliações autênticas e tutoriais de maquiagem, ajudando a construir a credibilidade da marca como uma opção de beleza acessível e de alta qualidade.

3. Airbnb e Campanha com YouTubers:

- O Airbnb lançou uma campanha em parceria com YouTubers que mostravam suas experiências de viagem únicas em locações do Airbnb. Esses vídeos inspiraram potenciais viajantes e forneceram prova social sobre a qualidade das acomodações oferecidas.

4. Nike e Atletas de Destaque:

- A Nike tem um histórico de colaboração com atletas de destaque, como Michael Jordan e LeBron James. Essas parcerias não apenas promovem produtos, mas também reforçam a credibilidade e o prestígio da marca, associando-a a atletas de alto nível.

Como a Parceria com Influenciadores Aumenta Credibilidade e Visibilidade:

- Os influenciadores têm um público cativo que confia em suas opiniões e recomendações. Quando um influenciador compartilha uma experiência positiva com um produto ou marca, isso serve como prova social para seu público.

- A parceria com influenciadores pode aumentar a visibilidade da marca, atingindo um público mais amplo do que os métodos de marketing tradicionais. Isso é especialmente eficaz quando os influenciadores têm seguidores que se encaixam no público-alvo da marca.

- Os influenciadores muitas vezes podem criar conteúdo autêntico e envolvente em torno de um produto ou serviço, o que ressoa melhor com os consumidores do que anúncios tradicionais.

Critérios para Escolher Influenciadores:

1. Relevância:

- O influenciador deve ser relevante para o público-alvo da marca. A afinidade entre o influenciador e o produto é fundamental para que a mensagem seja autêntica.

2. Credibilidade:

- Verifique se o influenciador é conhecido por fornecer avaliações honestas e confiáveis. Isso aumenta a credibilidade da parceria.

3. Engajamento:

- Avalie o nível de engajamento do influenciador com seu público. Um influenciador com uma comunidade ativa tende a ter um impacto maior.

4. Valores Compartilhados:

- Certifique-se de que os valores e a imagem do influenciador estejam alinhados com os da marca. Parcerias com influenciadores cujos valores coincidem com os da empresa tendem a ser mais autênticas.

5. Histórico de Colaborações Bem-Sucedidas:

- Analise as colaborações anteriores do influenciador com outras marcas. Um histórico de parcerias bem-sucedidas é um bom indicativo.

6. Público-Alvo:

- Considere se o público do influenciador é semelhante ao seu público-alvo. Isso ajudará a garantir que a mensagem alcance as pessoas certas.

As parcerias com influenciadores podem ser uma estratégia poderosa de prova social, desde que sejam selecionados cuidadosamente e alinhados com a marca de forma autêntica e transparente. Quando feitas corretamente, essas colaborações podem aumentar a credibilidade e a visibilidade da marca de maneira significativa.

4. Utilizando números e estatísticas convincentes.

Utilizando Números e Estatísticas como Prova Social Sólida:

Números e estatísticas são formas poderosas de prova social, pois fornecem evidências objetivas e mensuráveis do sucesso de um produto, serviço ou marca. Aqui está como eles podem ser usados eficazmente:

1. Validando Reivindicações:

- Os números podem validar as reivindicações feitas por uma empresa. Por exemplo, uma empresa de alimentos pode usar dados de testes de laboratório para provar que seus produtos são mais saudáveis em comparação com a concorrência.

Exemplo: A empresa de streaming Netflix frequentemente usa dados de visualização para mostrar quais programas e filmes são os mais populares, validando seu valor para os assinantes.

2. Demonstrando Crescimento e Sucesso:

- As estatísticas podem mostrar o crescimento e o sucesso de uma empresa ao longo do tempo. Isso pode ser particularmente convincente para investidores e clientes em potencial.

Exemplo: A Apple costuma destacar números de vendas e receita em seus relatórios financeiros trimestrais para demonstrar seu desempenho contínuo.

3. Comparando com a Concorrência:

- Números e estatísticas podem ser usados para comparar o desempenho de uma empresa com o de seus concorrentes, destacando vantagens competitivas.

Exemplo: A Coca-Cola frequentemente compara suas vendas e participação de mercado com as da Pepsi para demonstrar sua liderança na indústria de bebidas.

4. Reforçando Eficácia:

- Os dados podem mostrar a eficácia de um produto ou serviço em resolver problemas específicos. Isso ajuda a construir confiança entre os consumidores.

Exemplo: As empresas farmacêuticas frequentemente usam ensaios clínicos e estatísticas para demonstrar a eficácia de medicamentos.

Orientações para Apresentar Dados de Maneira Clara:

1. Simplifique Complexidade:

   - Torne os dados complexos acessíveis ao público, usando gráficos, infográficos ou visualizações que simplifiquem a informação.

2. Destaque Pontos Chave:

   - Identifique os pontos mais importantes dos dados e destaque-os para que sejam facilmente compreensíveis.

3. Contextualize os Números:

   - Forneça contexto para os números, explicando o que eles significam em termos práticos para os clientes ou investidores.

4. Use Fontes Confláveis:

- Certifique-se de que os dados sejam provenientes de fontes confiáveis e respeitáveis para evitar qualquer questionamento sobre sua veracidade.

5. Seja Transparente:

- Seja transparente sobre a metodologia usada para coletar os dados e evite manipular informações para parecerem mais favoráveis do que são.

Exemplos de Empresas que Usaram Dados Estatísticos em Estratégias de Marketing:

1. Google Trends:

- O Google Trends oferece informações sobre as tendências de busca dos usuários. Muitas empresas usam esses dados para ajustar suas estratégias de marketing com base no que está em alta.

2. Amazon:

- A Amazon usa extensivamente avaliações e classificações de produtos em seu site, fornecendo aos compradores informações quantitativas sobre a qualidade de um produto.

3. Spotify:

- O Spotify cria playlists personalizadas com base em dados estatísticos sobre os hábitos de audição dos usuários, demonstrando sua capacidade de oferecer uma experiência musical sob medida.

Em resumo, números e estatísticas são formas sólidas de prova social que podem ser usadas para validar reivindicações, demonstrar sucesso, comparar com a concorrência e reforçar a eficácia de produtos ou serviços. Ao apresentar dados de maneira clara e transparente, as empresas podem construir confiança e influenciar positivamente a percepção dos consumidores e investidores.

5. Estratégias para estimular o comportamento de rebanho.

Estratégias para Estimular o Comportamento de Rebanho:

O comportamento de rebanho se refere à tendência das pessoas de seguir ações, opiniões e decisões de um grupo, muitas vezes em resposta a um desejo de pertencimento e conformidade social. Estimular esse comportamento entre os consumidores pode ser uma estratégia eficaz de marketing. Aqui estão algumas estratégias práticas:

1. Criação de Senso de Pertencimento:

- Comunidade Online: Crie uma comunidade online em torno da sua marca ou produto. Isso pode ser feito através de fóruns, grupos em redes sociais ou plataformas dedicadas. Os membros da comunidade se sentirão parte de algo maior.

Exemplo: A Apple tem uma comunidade de usuários entusiastas que se reúnem em fóruns online para discutir produtos, solucionar problemas e compartilhar dicas.

- Programas de Fidelidade: Desenvolva programas de fidelidade que recompensem os clientes por compras frequentes. Eles se sentirão parte de um clube exclusivo e serão incentivados a continuar comprando.

Exemplo: O Starbucks Rewards oferece recompensas e acesso a ofertas exclusivas para membros frequentes.

2. Conteúdo Gerado pelo Usuário:

- Incentive os clientes a criar conteúdo relacionado à sua marca ou produto. Isso pode ser avaliações, fotos, vídeos ou histórias. O conteúdo gerado pelo usuário ajuda a construir uma narrativa autêntica em torno do seu produto.

Exemplo: A GoPro é conhecida por compartilhar vídeos incríveis criados por seus clientes, incentivando outros a fazerem o mesmo.

3. Desafios e Campanhas Virais:

- Crie desafios ou campanhas que incentivem os consumidores a participar e desafiar seus amigos a fazer o mesmo. Essas campanhas podem se espalhar rapidamente nas redes sociais.

Exemplo: O "Desafio do Balde de Gelo" (Ice Bucket Challenge) foi uma campanha viral que arrecadou fundos para a pesquisa da esclerose lateral amiotrófica (ELA) e incentivou muitas pessoas a participarem.

4. Exclusividade e Edição Limitada:

- Ofereça produtos ou experiências exclusivas e de edição limitada. Isso cria um senso de urgência e faz com que as pessoas queiram fazer parte desse grupo seleto.

Exemplo: A Supreme, uma marca de streetwear, é conhecida por lançar produtos de edição limitada que rapidamente se esgotam, criando um forte senso de exclusividade.

5. Eventos e Ativações:

- Realize eventos presenciais ou virtuais que reúnam seus clientes. Essas experiências compartilhadas fortalecem o sentimento de pertencimento.

Exemplo: A Nike organiza corridas em várias cidades do mundo, como a "Nike Run Club," que reúne corredores e cria um senso de comunidade.

6. Desconto por Indicação:

- Ofereça descontos ou recompensas aos clientes que indicarem amigos para a sua marca ou serviço. Isso incentiva o compartilhamento boca a boca.

Exemplo: O Dropbox ofereceu espaço de armazenamento extra aos usuários que indicassem amigos, incentivando o crescimento da base de usuários.

Lembre-se de que a autenticidade é fundamental ao usar essas estratégias. Os consumidores podem detectar tentativas artificiais de estimular o comportamento de rebanho. Portanto, é importante construir uma comunidade genuína e proporcionar valor aos membros para que eles desejem fazer parte dela e compartilhar suas experiências com outras pessoas.

Capítulo 8: Implementação e Medição de Resultados

1. Incorporando gatilhos mentais em sua estratégia.

Incorporando Gatilhos Mentais em Sua Estratégia de Marketing:

Incorporar gatilhos mentais em sua estratégia de marketing é essencial porque eles são poderosas ferramentas de influência psicológica que podem impactar as decisões e ações do público-alvo. Aqui está a importância de fazê-lo e como você pode fazê-lo eficazmente:

Importância de Incorporar Gatilhos Mentais:

1. Aumenta a Persuasão: Os gatilhos mentais têm o poder de persuadir as pessoas a tomar determinadas ações, como comprar um produto, inscrever-se em um boletim informativo ou compartilhar conteúdo. Eles ativam os instintos humanos e influenciam a tomada de decisões.

2. Cria Conexão Emocional: Ao incorporar gatilhos mentais, você pode criar uma conexão emocional mais profunda com seu público. Isso ajuda a

construir lealdade à marca e a construir relacionamentos duradouros.

3. Destaca-se da Concorrência: Estratégias que usam gatilhos mentais de forma eficaz podem se destacar em um mercado lotado, pois podem atrair a atenção e ressoar com as necessidades e desejos do público de forma única.

Orientações para Incorporar Gatilhos Mentais:

1. Entenda Seu Público-Alvo:

 - Antes de incorporar gatilhos mentais, é crucial entender quem é seu público-alvo. Pesquisas de mercado, análise de dados e segmentação ajudarão a identificar as necessidades, desejos e motivações de seu público.

2. Identifique Gatilhos Relevantes:

 - Uma vez que você compreenda seu público-alvo, identifique os gatilhos mentais mais relevantes para eles. Alguns gatilhos comuns incluem escassez, urgência, reciprocidade, autoridade e prova social. Escolha aqueles que melhor se alinham com seus objetivos.

3. Alinhe com a Mensagem da Marca:

- Certifique-se de que os gatilhos mentais escolhidos se alinhem com a mensagem geral da sua marca ou campanha. Eles devem complementar e reforçar a narrativa que você está construindo.

4. Seja Autêntico:

- Evite o uso excessivo ou manipulativo dos gatilhos mentais. A autenticidade é fundamental para construir confiança com seu público. Use gatilhos de maneira ética e honesta.

5. Teste e Meça Resultados:

- Aplique os gatilhos mentais em sua estratégia e acompanhe os resultados. Teste diferentes abordagens e mensagens para ver qual funciona melhor com seu público.

Exemplo de Incorporação de Gatilho Mental:

Imagine que você está comercializando um curso online sobre produtividade. Após pesquisar seu público-alvo, você identificou que eles valorizam a economia de tempo e desejam aumentar sua eficiência no trabalho. Aqui estão algumas maneiras de incorporar gatilhos mentais:

- Escassez e Urgência: Ofereça o curso por tempo limitado com um desconto especial para os primeiros inscritos, criando um senso de urgência.

- Prova Social: Compartilhe depoimentos de alunos anteriores que aumentaram sua produtividade após fazer o curso.

- Autoridade: Destaque seu próprio histórico de sucesso na área de produtividade para mostrar sua autoridade no assunto.

Ao incorporar esses gatilhos mentais, você está alinhando sua estratégia com os desejos e necessidades de seu público, aumentando a persuasão e a eficácia de sua mensagem de marketing.

2. Ferramentas e recursos para criação de gatilhos mentais.

Ferramentas e Recursos para Criação de Gatilhos Mentais:

1. Pesquisa de Mercado e Análise de Dados:
   - Google Trends: Permite monitorar tendências de pesquisa.
   - Google Analytics: Fornece informações detalhadas sobre o comportamento do usuário em seu site.
   - SurveyMonkey: Ajuda a coletar feedback e dados de pesquisa.

2. Marketing de Conteúdo:
   - Blogs e Redes Sociais: Plataformas como WordPress, Blogger, Facebook, Instagram e Twitter são excelentes para compartilhar conteúdo que incorpora gatilhos mentais.
   - Ferramentas de Programação de Conteúdo: Hootsuite e Buffer podem ajudar a programar postagens para otimizar o momento em que os gatilhos mentais são ativados.

3. E-mail Marketing:
   - MailChimp: Permite criar campanhas de e-mail marketing eficazes com gatilhos de escassez, urgência e personalização.

- ConvertKit: Especializado em automação de e-mail marketing para criar gatilhos mentais personalizados.

4. Testes e Otimização:
- Google Optimize: Ajuda a realizar testes A/B para otimizar a eficácia de gatilhos mentais em seu site.
- Hotjar: Oferece análise de comportamento do usuário para identificar onde os gatilhos mentais são mais eficazes.

5. Design Gráfico e Multimídia:
- Adobe Creative Cloud: Oferece uma suíte completa de ferramentas de design, incluindo Photoshop e Illustrator, para criar imagens e vídeos atraentes que incorporam gatilhos mentais.

6. Automação de Marketing:
- HubSpot: Permite a automação de marketing para personalizar mensagens com base no comportamento do usuário, incluindo gatilhos mentais.
- Marketo: Oferece soluções avançadas de automação de marketing que podem incorporar gatilhos mentais em campanhas.

7. Cursos e Livros:

- "Influence: The Psychology of Persuasion" por Robert Cialdini: Um livro clássico que explora os princípios da persuasão, incluindo gatilhos mentais.
- Cursos Online: Plataformas como Coursera, Udemy e edX oferecem cursos sobre psicologia do consumidor, persuasão e marketing que podem aprofundar seu conhecimento sobre gatilhos mentais.

8. Software de Gestão de Projetos:
- Trello: Ajuda a organizar e gerenciar projetos de marketing que incorporam gatilhos mentais.
- Asana: Facilita o acompanhamento de tarefas e prazos para implementar estratégias de gatilhos mentais.

9. Redes Sociais e Anúncios Online:
- Facebook Ads Manager: Permite segmentação avançada com base em dados demográficos, comportamentais e interesses, ideal para gatilhos de prova social e autoridade.
- LinkedIn Ads: Ótimo para marketing B2B, usando gatilhos mentais relacionados à autoridade e confiança.

10. Análise de Dados e Métricas:

- Google Data Studio: Crie painéis personalizados para acompanhar métricas-chave relacionadas aos gatilhos mentais.
- HubSpot Analytics: Oferece insights avançados sobre o desempenho de suas estratégias de gatilhos mentais.

11. Plataformas de E-commerce:
- Shopify: Uma plataforma de comércio eletrônico com recursos para implementar gatilhos de escassez, urgência e personalização em suas páginas de produto.

A escolha das ferramentas certas depende dos objetivos específicos da sua estratégia de marketing e do público-alvo. Ao selecionar as plataformas e tecnologias adequadas, você pode facilitar a implementação eficaz de gatilhos mentais e melhorar o desempenho das suas campanhas.

3. Testando e otimizando gatilhos mentais.

Testando e Otimizando Gatilhos Mentais em uma Estratégia:

Testar e otimizar gatilhos mentais em sua estratégia de marketing é crucial para maximizar a eficácia e alcançar os melhores resultados possíveis. Aqui está a importância disso e como fazê-lo:

Importância de Testar e Otimizar Gatilhos Mentais:

1. Melhora a Conversão: Testar diferentes gatilhos mentais permite descobrir quais são mais eficazes em convencer seu público a tomar a ação desejada, seja comprar um produto, assinar uma newsletter ou compartilhar conteúdo.

2. Ajusta-se ao Público-Alvo: Cada público é único, e o que funciona para um pode não funcionar para outro. Testar ajuda a adaptar seus gatilhos mentais às preferências e comportamentos específicos do seu público.

3. Aumenta o Retorno sobre o Investimento (ROI): Ao otimizar suas estratégias com base nos resultados dos testes, você gasta seu orçamento de marketing de forma mais eficiente, aumentando o ROI.

Métodos de Teste e Análise:

1. Teste A/B:

- Realize testes A/B em suas campanhas. Isso envolve criar duas versões da mesma campanha, uma com um gatilho mental específico e outra com um diferente. A versão que gera melhores resultados é a escolhida.

2. Teste de Multivariáveis:

- Vá além do teste A/B e teste múltiplos elementos de suas campanhas ao mesmo tempo, incluindo diferentes gatilhos mentais. Isso ajuda a entender como diferentes combinações de elementos afetam a resposta do público.

3. Análise de Dados:

- Use ferramentas de análise de dados, como o Google Analytics, para rastrear o comportamento do usuário e as conversões relacionadas a gatilhos mentais específicos. Identifique quais gatilhos têm o melhor desempenho.

4. Pesquisa Qualitativa e Quantitativa:

- Realize pesquisas qualitativas e quantitativas para obter feedback direto dos clientes sobre como os gatilhos mentais afetam suas decisões. Isso pode incluir entrevistas, pesquisas online e grupos focais.

5. Segmentação de Público:

- Segmentar seu público permite testar diferentes gatilhos mentais em grupos específicos. Por exemplo, você pode testar um gatilho com base na idade ou interesses do público para ver qual é mais eficaz em cada segmento.

Iteração e Melhoria Contínua:

- A otimização não é um processo único; é contínuo. À medida que você coleta dados e resultados dos testes, use essas informações para iterar e melhorar suas estratégias de gatilhos mentais. Isso pode envolver ajustar mensagens, imagens, posições de gatilhos mentais e até mesmo a escolha de gatilhos diferentes com base no aprendizado contínuo.

- Esteja disposto a adaptar suas estratégias com base nas mudanças nas preferências e comportamentos do seu público-alvo. À medida que a eficácia de um gatilho mental diminui ao longo do tempo, pode ser necessário testar novas abordagens.

- Mantenha registros de todos os testes e resultados para acompanhar as tendências ao longo do tempo. Isso ajudará a criar um conhecimento sólido sobre como os gatilhos mentais afetam sua audiência e como você pode melhorar continuamente suas estratégias.

Lembre-se de que a chave para o sucesso está em ser adaptável e empenhado em encontrar as abordagens que melhor funcionam para o seu público específico. Testar e otimizar gatilhos mentais é um processo valioso para aprimorar sua estratégia de marketing e aumentar sua capacidade de influenciar o comportamento do consumidor.

4. Avaliação de desempenho e métricas relevantes.

Avaliação de Desempenho e Métricas Relevantes para Gatilhos Mentais:

A avaliação do desempenho de gatilhos mentais é fundamental para medir o impacto de suas estratégias de marketing e persuasão. Aqui estão algumas métricas e indicadores de desempenho relevantes, incluindo como avaliar o ROI:

1. Taxa de Conversão:
- Esta é uma métrica fundamental que mede a porcentagem de visitantes que realizaram a ação desejada, como comprar um produto, preencher um formulário ou inscrever-se em um boletim informativo. Ela indica o quão eficazes seus gatilhos mentais são em persuadir o público.

2. Taxa de Cliques (CTR - Click-Through Rate):
- Mede a proporção de pessoas que clicaram em um elemento específico, como um botão de compra ou um link, em relação ao número total de pessoas que viram o elemento. Um CTR alto pode indicar que seus gatilhos mentais estão incentivando ações.

3. Tempo Gasto na Página:
- Avaliar quanto tempo os visitantes passam em uma página após serem expostos aos gatilhos mentais pode indicar o nível de envolvimento gerado por esses gatilhos. Quanto mais tempo as pessoas permanecerem, maior o impacto.

4. Taxa de Rejeição (Bounce Rate):

- Esta métrica indica quantos visitantes saem imediatamente após acessar sua página. Um baixo índice de rejeição sugere que os gatilhos mentais estão mantendo as pessoas envolvidas e interessadas.

5. Retorno sobre o Investimento (ROI):
- Avaliar o ROI é crucial para determinar se seus gatilhos mentais estão gerando resultados positivos em relação aos custos envolvidos. Calcule o ROI comparando o valor das conversões (por exemplo, receita gerada) com os custos de implementação da estratégia.

6. Taxa de Abertura de E-mail:
- Para campanhas de e-mail marketing, essa métrica indica quantas pessoas abriram seus e-mails. Se seus e-mails incluem gatilhos mentais para incentivar a abertura, essa métrica é relevante.

7. Taxa de Cliques em E-mail:
- Além da taxa de abertura, essa métrica mede quantas pessoas clicaram nos links ou botões dentro dos e-mails. Isso é particularmente

relevante quando você usa gatilhos mentais em suas mensagens.

8. Taxa de Conversão de E-mail:
- Essa métrica mede a porcentagem de destinatários de e-mail que concluíram a ação desejada, como fazer uma compra, após receberem seu e-mail. Pode ser usada para avaliar o impacto de gatilhos mentais em suas campanhas de e-mail.

Exemplos de KPIs (Indicadores-Chave de Desempenho) Específicos para Gatilhos Mentais:

1. KPI de Conversão de Carrinho Abandonado:
- Mede quantos visitantes que abandonaram seus carrinhos de compras retornaram para concluir a compra após receberem um lembrete com gatilhos mentais, como descontos especiais.

2. KPI de Compartilhamento Social:
- Avalia quantos visitantes compartilham seu conteúdo ou produtos em redes sociais após serem incentivados por gatilhos mentais sociais, como botões "Compartilhar".

3. KPI de Inscrições em Newsletter:

- Mede quantos visitantes se inscrevem em sua newsletter após serem expostos a gatilhos mentais, como ofertas exclusivas para assinantes.

4. KPI de Taxa de Resposta a Pesquisas:
- Avalia a porcentagem de pessoas que respondem a pesquisas ou questionários após serem motivadas por gatilhos mentais, como a promessa de melhorias com base no feedback.

5. KPI de Taxa de Recompra:
- Mede quantos clientes retornam para fazer compras adicionais após terem uma experiência inicial positiva com base em gatilhos mentais.

Adaptar seus KPIs de acordo com seus objetivos e gatilhos mentais específicos ajuda a avaliar de forma mais precisa a eficácia de suas estratégias de persuasão. Lembre-se de que as métricas relevantes podem variar com base no tipo de negócio e na estratégia de marketing.

5. Estudos de caso de empresas que dominaram os gatilhos mentais.

Estudos de Caso de Empresas que Dominaram os Gatilhos Mentais:

1. Amazon - Gatilho de Prova Social:

- A Amazon é conhecida por sua eficaz utilização de gatilhos mentais, especialmente o de prova social. Eles incorporam avaliações de clientes em seus produtos, mostrando quantas pessoas compraram um item e deixaram avaliações. Isso cria confiança nos consumidores, pois eles veem que outros já compraram e gostaram do produto. Além disso, a Amazon utiliza recomendações personalizadas com base nas compras anteriores do cliente, gerando uma sensação de autoridade e personalização.

2. Apple - Gatilho da Curiosidade:

- A Apple é mestre em usar a curiosidade como gatilho mental em seus lançamentos de produtos. Eles mantêm segredos sobre novos produtos até o dia do lançamento, criando grande expectativa e curiosidade entre os consumidores. A abordagem da Apple é mostrar apenas o suficiente para deixar as pessoas curiosas e, em seguida, revelar detalhes adicionais no momento certo.

3. Airbnb - Gatilho da Reciprocidade:

- O Airbnb usa o gatilho mental da reciprocidade de forma eficaz, oferecendo aos anfitriões a oportunidade de deixar avaliações aos hóspedes e vice-versa. Isso incentiva as pessoas a serem corteses e prestativas durante suas estadias, sabendo que suas avaliações afetarão sua reputação. A reciprocidade leva a um comportamento mais positivo e uma comunidade mais confiável.

4. Coca-Cola - Gatilho Emocional:

- A Coca-Cola tem uma longa história de criação de anúncios emocionais que evocam sentimentos de felicidade, união e celebração. Eles usam gatilhos mentais emocionais para conectar suas bebidas a momentos especiais na vida das pessoas. O famoso anúncio "Hilltop" e campanhas de Natal são exemplos notáveis.

Lições Aprendidas e Melhores Práticas:

1. Conheça Seu Público-Alvo: Todas essas empresas entendem profundamente seu público-alvo e adaptam os gatilhos mentais de acordo com as necessidades, valores e desejos desse público.

2. Consistência: Implementar gatilhos mentais de forma consistente em todas as interações com os clientes ajuda a construir uma imagem de marca sólida.

3. Teste e Meça: Todas as empresas realizam testes rigorosos para avaliar a eficácia de seus gatilhos mentais. Isso envolve medição de métricas-chave e adaptação com base nos resultados.

4. Mistura de Gatilhos: Muitas vezes, as empresas utilizam uma combinação de gatilhos mentais para criar uma estratégia persuasiva mais eficaz. Por exemplo, a Apple combina curiosidade com escassez em seus lançamentos de produtos.

5. Transparência e Autenticidade: Empresas de sucesso garantem que seus gatilhos mentais sejam autênticos e não enganosos. A confiança do cliente é vital.

6. Acompanhamento e Feedback: O feedback dos clientes é valorizado. Empresas como o Airbnb usam sistemas de avaliação para manter a qualidade e a confiabilidade.

Esses estudos de caso demonstram como empresas líderes dominaram a arte de usar gatilhos mentais para influenciar o comportamento dos consumidores. A chave para o sucesso está em entender profundamente o público-alvo, manter a autenticidade e medir constantemente os resultados para otimização contínua.